Ein Lehrling auf seiner Reise
durch die Welt

Widmung:

Allen Menschen, die sich auf die Suche nach sich selbst und dem Geheimnis des Lebens begeben.

Peter Wandler

Ein Lehrling auf seiner Reise durch die Welt

Bibliografische Information der Deutschen Nationalbibliothek:
Die Deutsche Nationalbibliothek verzeichnet diese Publikation in der Deutschen Nationalbibliografie; detaillierte bibliografische Daten sind im Internet über http://dnb.dnb.de abrufbar.

© 2016 Peter Wandler
Umschlagsgestaltung Kratz Mediendesgin, Freiburg
Umschlagsbild Peter Thiel
Herstellung und Verlag:
BoD- Books on Demand, Norderstedt

ISBN: 978-3-743138438

Inhalt

1. Die Reise beginnt — 3

2. In Würzburg — 8

3. In Fürth — 15

4. In Regensburg — 21

5. In Passau — 26

6. Fischen im Allgäu — 35

7. Auf dem Bergbauernhof — 39

8. In der kleinen Kapelle — 48

9. Die Stilleübung — 57

1. Die Reise beginnt

Tim hatte vor zwei Tagen seine Grundausbildung als Lehrling des Lebens abgeschlossen. Er hatte diese erfolgreich absolviert und war von seinem Lebensmeister ins Leben entlassen wurden. Nun folgte ein zweiwöchiges Praktikum, um sein Wissen, das er erworben hatte, auch selbst im täglichen Leben anzuwenden. Und das war der Grund, warum sich Tim mit seinem Rucksack auf den Weg zum Bahnhof machte. Seine Heimatstadt Freiburg lag im Süden des Landes, in dem er wohnte. Nach wenigen Minuten durchschritt er den Eingangsbereich des Bahnhofes und setzte sich auf eine Bank. Von dort hatte er einen direkten Blick auf die Anzeigetafel der eintreffenden Züge einschließlich aller Ankunfts- und Abfahrtszeiten. Bereits gestern hatte er ein Bahnticket für die Dauer von zwei Wochen gekauft und konnte damit im gesamten Land umherfahren. Er war somit in der Lage, selbst zu entscheiden, wohin die Reise gehen sollte. Tim schaute auf die Uhr. Es war gerade 09:00 Uhr. Seine Augen sahen wie gebannt auf die Anzeigetafel und dort auf einen Zug Richtung Würzburg, der um 09:20 Uhr abfahren sollte. ‚Das ist mein Zug', dachte Tim. Aber woher wusste er, dass diese Entscheidung richtig war? Was hatte sein Lebensmeister ihm geraten? „Höre auf deine innere Stimme. Sie wird dich immer richtig leiten. Es wird sich erweisen, ob du die richtige Entscheidung getroffen hast oder ob dir dein Verstand nicht wieder ein Schnippchen geschlagen hat. Deine innere Stimme ist niemals die Stimme deines Verstandes. Denke daran' Und solche weisen Worte hatte Tim während seiner Ausbildungszeit immer wieder von ihm gehört.

Sein Lebensmeister war ein Mann so um die 40 Jahre, der nach außen für die Menschen eher einen harmlosen und uninteressanten Eindruck machte. Nur hatte der es faustdick hinter den Ohren.

Solch einen wissenden Menschen kennenzulernen, war schon ein großer Vorteil für das eigene Leben und sicher nicht alltäglich. Auf die Frage, warum gerade er, Tim, die Grundausbildung bei ihm machen durfte, hatte er einmal geantwortet: „Du bist auf der Suche, auch wenn du es vielleicht selbst noch nicht bewusst wahrnimmst" Und so waren es recht weise Worte, die sich oftmals erst nach einigem Überlegen erklärten. Aber so war nun sein Lebensmeister. Alles was er tat und sagte hatte mit Achtsamkeit und Achtung vor dem Leben an sich und allen Lebewesen zu tun. Irgendwie kam es ihm auch vor, dass sein Lebensmeister das Leben sehr liebte. Er war immer fröhlich gelaunt und sah in allen Angelegenheiten des Lebens neue Herausforderungen. Scheinbar kannte er keine Schwierigkeiten. Besonders der Rosengarten hatte es ihm angetan. Hier hatte er mit viel Einsatz und Geduld eigene Rosensorten gezüchtet. Diese hatten große Blüten in vielen verschiedenen Farben und verströmten einen wundervollen Duft.

Tim nahm seinen Rucksack und schlenderte zum Bahnsteig 1, auf dem in Kürze sein Zug einfahren sollte. Auf dem Bahnsteig hatten sich bereits einige Reisende versammelt. Einige Menschen waren recht hektisch und andere wirkten eher gelassen. Und nun fuhr der Zug in den Bahnhof ein. Und schon setzten sich die Reisenden in Bewegung. ‚Den hektischen Menschen ging es wohl um einen Sitzplatz', dachte er. Wahrscheinlich hatten sie wie er keine Platzreservierung vorgenommen. Nachdem die Reisenden eingestiegen waren, stieg auch Tim in den Zug ein. Eine Platzkarte hatte er natürlich nicht, aber die benötigte er auch nicht. Und in einem Großraumwagen fand er in der zweiten Klasse einen Fenstersitzplatz. Bis Würzburg war zum Glück keine Reservierung vorgesehen. Seinen Rucksack legte er in die Gepäckablage. Nun konnte seine Reise richtig losgehen. Tim schaute aus dem Fenster. Der Zug setzte sich langsam in Bewegung und nach kurzer Zeit war der Bahnhof verschwunden. Er dachte an seine Eltern, die überhaupt nicht davon angetan waren, ihren Sohn auf diese Reise zu schicken. Scheinbar hatte da sein Lebensmeister etwas nachgeholfen. Jedenfalls schien es so, dass er etwas getan hatte, das seine Eltern in wenigen Tagen umgestimmt hatte. Da sie ihn aber nie kennengelernt hatten und auch von seiner Existenz und der Grundausbildung nichts wussten, gab es wohl für seinen Lebensmeister noch andere Möglichkeiten der Kontaktaufnahme. Und während er in Gedanken aus dem Fenster sah, wurde er plötzlich angesprochen. „Haben Sie auch eine Fahrkarte, junger Mann?" „Ja, natürlich". Tim zog aus einer seiner Jackentaschen einen Umschlag heraus. ‚Ach ja, das ist ja noch mein geheimnisvoller Brief', dachte er. Und in der Innentasche seiner Jacke fand er die Fahrkarte. „Vielen Dank", sagte der Zugbegleiter „und noch eine gute Fahrt." Er hatte von seinem Lebensmeister zum Abschied einen Briefumschlag bekommen, den er erst während seiner Reise öffnen sollte. Vorsichtig öffnete er den Briefumschlag und nahm den Brief heraus. Sorgsam war dieser in vier gleich große Hälften gefaltet. Geschrieben war der Brief auf einem alten schweren Büttenpapier mit Wasserzeichen. Tim las:

Lieber Tim,

du hast heute einen neuen und wichtigen Teil in deinem Leben beschritten. Deine Reise in dein selbstbestimmtes Leben begann damit, auf deine innere Stimme zu hören. Und diese hast du gehört. Denn du sitzt bereits im Zug Richtung Würzburg. Auf deiner Reise wirst du mit vielen unterschiedlichen Menschen zusammenkommen. Lass dich überraschen. Ich habe dich vieles gelehrt. Und einiges wirst du auch für dich und die Menschen anwenden können. Sei offen, aber wenn es an der Zeit ist, auch verschlossen gegenüber den Menschen, die deinen Weg kreuzen werden. Und nun erhältst du noch die folgenden Aufgaben: Bekomme heraus, was der Sinn des Lebens für die Menschen ist. Und als Weiteres, was der Ursprung aller Dinge bzw. der Welt ist.

Ich wünsche dir viel Erfolg und Freude auf deiner Reise. Wir werden uns bald wiedersehen.

Dein Lebensmeister

Tim war etwas überrascht von den Zeilen des Briefes. Woher wusste sein Lebensmeister, dass er in den Zug nach Würzburg eingestiegen war? Und was waren das für Aufgaben? Wie sollte er es anfangen, den Lebenssinn von Menschen herauszubekommen und dann auch noch den Ursprung aller Dinge und der Welt zu ergründen? Und was meinte sein Lebensmeister mit: ‚Wir werden uns bald wiedersehen'? Meinte er das geplante Treffen nach der Reise oder ein Treffen bereits während der Reise? Sorgsam faltete er den Brief wieder zusammen und steckte ihn in den Briefumschlag zurück. Er erinnerte sich an eine Aussage seines Lebensmeisters: Sie lautete: „Du bekommst nur dann eine Aufgabe, wenn du auch in der Lage bist, diese zu bewältigen." Demnach würden sich sicherlich auch für ihn Gelegenheiten ergeben, diese Aufgaben zu erfüllen.

Der Zug stoppte nun zum ersten Mal. Nach gut 15 Minuten Fahrtzeit war der nächste Bahnhof erreicht. Viele Menschen drängten sich auf dem Bahnsteig. ‚Der Zug wird jetzt richtig voll werden', dachte er. Und so war es auch. Eine ältere Dame, Tim schätzte sie auf über 60 Jahre, sagte: „Guten Tag. Darf ich mich neben dich setzen?" „Ja, gerne." Nach einigem hin und her hatte sie auch ihren Koffer gut untergebracht und nahm ihre Reiselektüre aus ihrer recht großen Handtasche. Es war ein dickes Buch mit dem Titel 'Eine Liebe in Venedig'. ‚Oh', dachte Tim. ‚Die Frau liest einen Liebesroman und der wird sicherlich auch mit einem guten Ausgang enden'. Seine Sitznachbarin bemerkte den prüfenden Blick von ihrem Sitznachbarn. „Sag mal", fragte sie etwas irritiert, „ich glaube, Du bist sehr neugierig, junger Mann?" „Neugierig bin ich schon, wenn es um die Dinge der Welt geht." „Dann solltest Du mal dieses Buch lesen. Es geht um eines der wichtigsten Dinge, die es gibt, es geht um Liebe zwischen zwei Menschen." „Und wenn Sie das Buch gelesen haben, haben Sie dann die Liebe gefunden?" „Du kannst Fragen stellen? Die Liebe in der Erzählung zwischen zwei wirklich liebenden Menschen wird sich finden. Da bin ich sicher. Und davon zu lesen ist sehr schön." „Aber suchen Sie nicht selbst danach, wenn Sie so eine Geschichte schön finden?" Die Frau klappte das Buch zu. „Sag mal, gehst du auf das Gymnasium? Was für Fragen stellst du mir?" „Nein, ich bin zur Hauptschule gegangen und die ist jetzt für mich beendet. Aber Sie haben mir meine Frage nicht beantwortet." „Ich muss mich nicht von dir ausfragen lassen." Und nach diesen Worten stand sie auf und sah sich im Wagen nach einem anderen freien Sitzplatz um. Nur schien alles besetzt zu sein. Und Lust, noch mal ihren schweren Koffer zu heben, hatte sie auch nicht. Sie setzte sich wieder. „Lass mich am besten in Ruhe lesen, ich möchte mich mit dir auch nicht unterhalten." Und ihm kamen die Worte aus dem Brief seines Lebensmeisters in den Sinn. „Sei offen, aber wenn es an der Zeit ist, auch verschlossen, gegenüber den Menschen, die deinen Weg kreuzen werden." Tim sah aus dem Fenster, ohne noch etwas Weiteres zu seiner Sitzpartnerin zu sagen. ‚Was die Frau wohl für einen Lebenssinn hatte', fragte er sich in Gedanken. Vielleicht die Suche nach der großen Liebe, oder einfach danach, geliebt zu werden. Ihr Verhalten, vor der Frage weglaufen zu wollen, war sicherlich auch ein Weglaufen von ihrem eigenen Leben. ‚Ich muss unbedingt meine Erlebnisse und Erfahrungen aufschreiben', dachte er. Und da Tim kein Schreibbüchlein dabei hatte, schrieb er erst einmal einige Stichworte auf die Rückseite des Briefumschlages seines Lebensmeisters. Und so verging die Zeit im Zug, ohne dass noch etwas passierte. Die Dame stieg irgendwann einmal beleidigt aus ohne sich von Tim zu verabschieden.

2. In Würzburg

Nach guten drei Stunden und 45 Minuten kam er in Würzburg an. Gleich nach seiner Ankunft verließ er den Bahnhof und kaufte in einem Schreibwarengeschäft ein sehr schönes ledergebundenes Schreibbüchlein. Nach dem Verlassen des Geschäftes stand er nun in einer fremden Stadt. Warum er ausgerechnet hier hingefahren war, wusste er nicht. Es musste aber einen tieferen Sinn geben. Denn wenn er sich von seiner inneren Stimme hierher führen gelassen hatte, dann musste das schon richtig sein. Was hatte sein Lebensmeister gesagt? „Deiner inneren Stimme zu folgen, lässt sich nicht beweisen, sie wird sich nur erweisen." Die meisten Menschen bezeichnen ihre innere Stimme auch als Intuition, hatte er an anderer Stelle einmal bemerkt. Nun stand er da vor dem Schreibwarengeschäft und blickte in eine Fußgängerzone. Er drehte sich nochmals um und sah einen Ständer mit Postkarten und Reiseführern vor dem Geschäft, das er gerade erst verlassen hatte. ‚Einen Stadtführer zu kaufen wäre sicherlich schon eine gute Sache. Und zusätzlich benötige ich noch eine Übersicht über alle Schullandheime und Jugendherbergen. Denn irgendwo muss ich ja auch übernachten', dachte er. Also betrat Tim nochmals das Geschäft und kaufte sich die beiden Bücher. Langsam ging er in die Innenstadt von Würzburg. In einer Entfernung von gut 150 m sah er ein italienisches Eiscafé, das er auch gleich ansteuerte. Er setzte sich an einen freien Tisch und achtete darauf, von dort eine gute Sicht auf die vielen Besucher der Fußgängerzone zu haben.

Italienisches Stimmengewirr lenkte seine Aufmerksamkeit auf sich. Da unterhielten sich wohl Mutter, Vater und Tochter sehr angeregt in ihrem Eiscafé. In seinen Ohren hatte die italienische Sprache einen schönen Ausdruck und Klang, obwohl er natürlich nichts verstand. Als man ihn wahrnahm, kam sofort die junge Italienerin auf ihn zu. „Was darf es für dich sein?", fragte sie. „Ein großes gemischtes Eis, bitte. Ich will ja nicht neugierig sein, aber worum ist es denn gerade in dem Gespräch, ich nehme an mit Ihren Eltern, gegangen?" Die Italienerin schaute Tim erstaunt an. „Du bist aber schon neugierig, sonst würdest du mich ja nicht fragen. Es ging in dem Gespräch um die Heirat mit einem anderen italienischen Eisproduzenten. Und der hat einige Geschäfte hier im Umland. Und mein Vater hätte gerne, dass ich ihn heirate. Und nun hole ich dir erst einmal dein Eis." Und so verschwand sie wieder im Inneren des Eiscafés. Tim war über diese Offenheit sehr überrascht. Das hatte er so nicht erwartet. Sein Lebensmeister hatte ihm mit auf dem Weg gegeben, dass die Menschen nicht immer ehrlich antworteten. Und das konnte die unterschiedlichsten Gründe haben. Nach wenigen Minuten kam die junge Italienerin mit dem Eis zurück. „Hier kommt deine Bestellung. Ich wünsche dir einen guten Appetit." „Vielen Dank." Er schaute auf einen großen Eisbecher, in dem zwei Eiswaffeln steckten. Tim machte sich sofort daran, sein Eis zu essen. Dabei schaute er in die Fußgängerzone. In Gedanken fragte er sich, warum wohl der italienische Vater seiner Tochter diese Hochzeit zumuten wollte. Spielte dabei Liebe auch eine Rolle, oder steckte doch eher ein wirtschaftlicher Grund dahinter? Sehr erfreut schien die Italienerin aber nicht gewesen zu sein, als sie von der Heirat sprach. Nachdem er sein Eis gegessen hatte, gab er der jungen Italienerin ein Handzeichen, das er bezahlen wollte. Sie kam sofort. „Sagen Sie mal, Sie scheinen nicht gerade erfreut von dem Wunsch Ihres Vaters zu sein." „Ehrlich gesagt bin ich nicht begeistert. Aus wirtschaftlichen Gründen ist der Wunsch meines Vaters sicherlich nachvollziehbar." „Und was wollen Sie jetzt machen?" „Ihn nicht heiraten. Es gibt in jedem Leben Entscheidungen, die nicht immer wirtschaftlich oder rational richtig sind. Unglückliche Menschen gibt es schon genug auf dieser Welt. Meine Mutter sieht das übrigens genauso. Aber warum erzähle ich dir das alles?", fragte die Italienerin. „Weil ich auf der Suche nach Antworten des Lebens bin." „Und welche Antworten des Lebens suchst du denn?" „Die Frage, was der Sinn des Lebens ist und was wohl der Ursprung aller Dinge auf dieser Welt sein mag." „Das hört sich ja spannend an. Dann wünsche ich dir noch viel Erfolg bei deiner Suche." Sie gab ihm das Wechselgeld zurück und verschwand wieder im Eiscafé.

Tim ließ sich noch etwas treiben in dieser für ihn recht unbekannten Stadt. Er schaute sich den Dom und die Festung Marienberg, sowie viele weitere Sehenswürdigkeiten an. Und immer wieder machte er kurze Pausen, ob nun an einem Brunnen oder einfach auf einer Bank. Überall ließ er die Eindrücke, die er von der Stadt und seinen Menschen gewann, auf sich wirken. Durch seinen Lebensmeister war er in den letzten Wochen in seiner Wahrnehmung und in der Achtsamkeit gegenüber den Dingen unterrichtet wurden. Dadurch hatte sich seine Wahrnehmung auch verändert. Er hatte den Eindruck, das Leben bewusster als je zuvor wahrzunehmen. Zum einen die Natur mit ihren Lebewesen, aber gerade auch scheinbare Kleinigkeiten in einem Gespräch zwischen zwei Menschen waren für ihn interessant geworden. Hier konnte er mittlerweile schon durch den Gang, die Haltung und Gestik vorsichtige Rückschlüsse auf den jeweiligen Menschen ziehen. Sein Lebensmeister hatte ihn in dem Fach der Menschenkenntnis unterrichtet. Aber immer wieder hatte er darauf hingewiesen, die daraus gewonnen Informationen vorsichtig in seinen Erfahrungsschatz aufzunehmen. Es ging zusätzlich darum, keinen persönlichen Vorteil aus diesen Erfahrungen für sich selbst abzuleiten. Die Wahrnehmung stand im Vordergrund und das nach Möglichkeit ohne jegliche Wertung. Jeder Mensch ist einzigartig und wertvoll für diese Welt, sonst wäre er erst gar nicht geboren wurden, hatte sein Lebensmeister ihm mit auf den Weg gegeben. Und das trifft natürlich auch auf den Leser dieses Buches zu. Das

Schullandheim befand sich nicht allzu weit von der Altstadt und den vielen Sehenswürdigkeiten von Würzburg. Es war ein älteres Gebäude aus dem 18. Jahrhundert, das sehr gepflegt aussah. Ein schöner Vorgarten mit vielen Blumen begrüßte den Besucher und geleitete ihn zum Eingangsbereich. Dort an der Rezeption meldete er sich an und erhielt den Schlüssel für ein Doppelzimmer. Da er außerhalb der Saison unterwegs war, hatte Tim das Glück, das Zimmer für sich alleine zu haben. Erst einmal legte er sich auf das Bett. Was war das heute für ein Tag gewesen? Heute Morgen wusste er noch nicht, wohin die Reise gehen sollte, und dass er am ersten Abend seiner Reise in einem Würzburger Schullandheim übernachten sollte. Ihm gefiel die Freiheit, ohne Vorgaben reisen zu können, wohin er auch wollte. Auch wenn der Preis dafür die Ungewissheit war und er als Ratgeber nur seine innere Stimme hatte. Wobei „nur" natürlich nicht stimmte. Er war es noch nicht gewohnt, seiner inneren Stimme zu vertrauen. Jedenfalls geschah an diesem Abend nichts mehr, was für den Leser von Bedeutung gewesen wäre. Und so schlief er müde und zufrieden ein und wurde am nächsten Morgen von einem Sonnenstrahl geweckt. Müde schaute Tim am Morgen auf die Uhr. Es war gerade 7:30 Uhr geworden. Also war er rechtzeitig wach, um gegen 08:00 Uhr sein Frühstück zu bekommen. Und so saß Tim an einem gedeckten Frühstückstisch für zwei Personen. Beim Frühstücksbüfett hatte er sich schon mit zwei Brötchen, Honig sowie Marmelade versorgt. Auch einen schwarzen Tee hatte er an seinen Platz mitgenommen. Ob sich heute Morgen noch jemand zu ihm setzen sollte? Bisher hatte er recht unterschiedliche Menschen auf seiner Reise kennengelernt. Und so musste er auch nur 5 Minuten warten, als ein etwa 17jähriges Mädchen auf seinen Tisch zusteuerte. „Hallo, hast du was dagegen, wenn ich mich zu dir setze?" „Nein, natürlich nicht." „Ich bin Jana." Und mit diesen Worten setzte sie sich zu ihm an den Tisch. „Also ich heiße Tim. Bist du auch auf der Durchreise?" „Nein, ich besuche für eine Woche meine Freundin hier in Würzburg. Und du? Was machst du hier in Würzburg?" „Ich bin auf einer Reise, um mehr über die Menschen zu erfahren." Jana stand das Fragezeichen wortwörtlich ins Gesicht geschrieben. „Was willst du denn über die Menschen erfahren, Tim?" „Zum Beispiel was der Sinn des Lebens ist. Was ist denn dein Lebenssinn, Jana?" „Also ich hole mir erst einmal einen Kaffee und ein Brötchen." Jana stand auf und ging recht schnell zum Frühstücksbüfett. Er hatte den Eindruck, dass Jana seiner Frage ausweichen wollte. Sie kam mit einer Tasse Kaffee und einem trockenen Brötchen zurück. Als sie sich gesetzt hatte, schaute sie ihn nachdenklich an. „Sag mal Tim, wie kommst du denn auf so eine Frage?" „Ich habe die Aufgabe, das herauszubekommen." „Und wer hat dir diese Aufgabe erteilt?" „Mein Lebensmeister." Fast verschluckte sich Jana an ihrem Kaffee, als sie von dem Lebensmeister hörte. „Willst du mich auf den Arm nehmen? Was für ein Lebensmeister?" Er erinnerte sich an die Aussage seines Lebensmeisters, nicht jedem Menschen von ihm und seiner Verbindung zu Tim zu erzählen. Die meisten Menschen konnten damit wenig oder gar nichts anfangen. Er überlegte kurz, wie er aus dieser Erklärungssituation wieder herauskommen konnte. „Jana, du hast aber meine eigentliche Frage nicht beantwortet. Was ist denn für dich der Sinn des Lebens?" Dabei schaute Tim auf das trockene Brötchen und den schwarzen Kaffee, den Jana vor sich stehen hatte. Jana antwortete: „Du bist schon irgendwie eigenartig. Ist es denn so schwer, den Sinn des Lebens zu erkennen. Jeder Mensch, den ich kenne, will auf dieser Welt Geld verdienen und beruflich erfolgreich sein. Und ich will Fotomodell werden. Ich achte darauf, nicht zuzunehmen, ernähre mich gesund und bin auch sehr sportlich. Das müsste dir bereits aufgefallen sein, du Philosoph. Und in drei Wochen habe ich in London mein erstes Casting. Mit etwas Glück gibt es dann die ersten Aufträge von der Agentur." „Und was machst du, wenn du erfolgreich bist? Hast du dann deinen Sinn des Lebens erreicht?"

„Wenn ich prominent geworden bin und viel Geld verdiene, dann habe ich meinen Lebenssinn erreicht. Denn wir alle leben nur einmal. Und ich will vernünftig leben." „Aber ist es denn vernünftig, ein trockenes Brötchen zum Frühstück zu essen? Das hat doch mit Genuss nichts zu tun." „Mir ist es wichtiger, meinem Lebensplan zu folgen." „Und wer hat dir gesagt, dass dieser Weg für dich richtig ist?" „Ich mir selbst. Ich will das genauso und brauche auch nicht mit dir weiter darüber sprechen." Jana war recht aufgeregt. „Ist schon in Ordnung." Jedenfalls wünsche ich dir viel Glück für dein weiteres Leben." Tim stand auf und nahm sein Frühstücksgeschirr in die Hände. Er verabschiedete sich von Jana mit den Worten: „Wir werden uns wohl nie wieder sehen, denn ich werde gleich heute Morgen weiter reisen." „Dann noch eine schöne Reise, Tim. Wohin soll die Reise denn gehen?" „Das weiß ich noch nicht. Das wird mir meine innere Stimme noch sagen." Jana schaute ihn wieder etwas unglaubwürdig an. Sie sagte nichts mehr und dachte nur, was für ein durchgeknallter Typ.

Und so machte sich Tim, nachdem er das Zimmer mit Frühstück bezahlt hatte, wieder auf den Weg zum Bahnhof. Er ging in die Bahnhofshalle und suchte gleich nach einem Abfahrtsfahrplan. Im hinteren Bereich des Bahnhofes fand er den Plan. Er schaute auf die Abfahrtszeiten. Es wollte sich aber kein Impuls wie beim ersten Mal einstellen. Was hatte sein Meister ihm geraten? Stelle deine Frage nach dem ‚wohin', in deinem Herzen, dann wird dir deine innere Stimme sagen, wohin es gehen soll. Und so machte es. Er ging mit seinem Bewusstsein ins Herz und stellte seine Frage. Die Antwort kam sofort. Nur ein Wort „Fürth" bekam er in seinen Sinn. Tim schaute nochmals auf den Plan und sah, dass der nächste Zug, diesmal ein Regionalexpress, in genau 12 Minuten, auf dem Bahnsteig B, Gleis 2 abfahren sollte. Die Fahrt sollte nur etwas über eine Stunde dauern. Er nahm seinen Rucksack auf und ging zum Bahnsteig. Nur drei Menschen standen auf dem Bahnsteig. Heute war auch der Zug nur mit wenigen Fahrgästen unterwegs. So bekam er einen schönen Fensterplatz und konnte die Welt aus dem Zug betrachten. Dabei gingen ihm viele Gedanken durch den Kopf. Er dachte daran, was wohl seine Eltern für einen Lebenssinn hatten. Seine Eltern waren sehr bürgerlich eingestellt. Jedenfalls aus seiner Sicht. Der Lebenssinn bestand zur Hauptsache darin, täglich arbeiten zu gehen, Geld anzusparen, einmal im Jahr in den Urlaub zu fahren und eine Eigentumswohnung zu finanzieren. Und gegen die Risiken des Lebens hatte sein Vater zahlreiche Versicherungen abgeschlossen. Und so war es auch mit seinen Verwandten. Alle führten ein „normales Leben". Ein Onkel, den er nicht wirklich kannte, hatte vor einigen Jahren, als Tim gerade 14 Jahre alt geworden war, bei seinen Eltern für große Aufregung gesorgt. Er hatte den Entschluss gefasst, seinem Leben einen neuen Sinn zu geben. Seine Arbeit hatte er gekündigt, seine komplette Wohnungseinrichtung und sein Auto verkauft und war in ein Kloster am Bodensee eingetreten. Somit hatte er alle Sicherheiten, die so wichtig für die meisten Menschen aus seinem Bekanntenkreis waren, einfach aufgegeben. Jedenfalls konnte sich Tim noch daran erinnern welcher Unmut und welches Unverständnis bei allen Verwandten aufkamen, als eine Geburtstagsfeier bei seiner Tante stattgefunden hatte. ‚Welcher Sinn des Lebens war denn nun der Richtige', fragte er sich. Aus der Sicht des jeweiligen Menschen war, soweit dieser selbst einen Lebenssinn festgelegt hatte, jede Position nachvollziehbar. Es standen hier in seinem Familienkreis zwei Positionen gegenüber. Die eine war die auf Sicherheit bezogen, die andere auf Erfahrung und leben zu wollen. Der Preis jedoch für die zweite Variante war der Gang in die Ungewissheit. Überhaupt schien die Angst vor der Zukunft bei den meisten Menschen sehr ausgeprägt zu sein. Sein Lebensmeister war da völlig anders. Er ging wohl einem Beruf nach, aber darüber hinaus verstand er es, mit allen Sinnen zu leben. ‚Ob er überhaupt so etwas wie Angst kannte', fragte er sich. Eine wichtige Frage, die er sich gleich notierte.

3. In Fürth

In Fürth begab sich Tim erst mal zu dem grünen Markt, der einst Mittelpunkt der alten Stadt war. Früher verlief hier eine wichtige Handelsstraße, die von Frankfurt nach Prag führte. Und in dieser Stadt konnte er alte Häuser bewundern, die bereits in vergangenen Jahrhunderten erbaut wurden. Er wurde auf eine alte Sandsteinmauer in der Stadtmitte aufmerksam. Als er weiterging kam er zum Eingang eines jüdischen Friedhofes. Bisher hatte er immer vermieden, auf Friedhöfe zu gehen. Heute jedoch war es etwas anders. Zusätzlich war es die ruhige Atmosphäre, die ihn förmlich einlud, durch das Friedhofstor zu spazieren. Die Zeit schien hier stillzustehen. Nichts war mehr von dem hektischen Treiben der Menschen in der Stadt zu spüren. Tim ging langsam durch die Grabsteinreihen. Er sah recht eindrucksvolle, aber daneben auch sehr einfache Gräber. Der alte Baumbestand verlieh diesem Friedhof etwas Beständiges und Ehrfurchtsvolles. Diese Menschen, die hier lagen, oder besser deren Körper, hatten ihr Leben bereits hinter sich. Ob diese auch religiös gewesen waren? Hatten sie in ihrem Leben einen Sinn gesehen oder diesem einen Sinn gegeben? Hier wurde ihm bewusst, dass auch er in seinem Leben nur eine begrenzte Zeit zur Verfügung hatte. Es war die Vergänglichkeit, die er hier spürte. Nichts auf dieser Welt war anscheinend für die Ewigkeit gedacht. Selbst einige der Grabsteine waren bereits in Mitleidenschaft gezogen, so dass die Inschriften zum Teil nicht mehr zu lesen waren. Sehr nachdenklich verließ er den Friedhof wieder.

Nach einer Weile lief er direkt auf ein Thermalbad zu. Nachdem er bereits gestern in Würzburg den gesamten Tag und heute zwei Stunden in Fürth unterwegs war, fand er seine Idee gut, mal wieder ein Bad aufzusuchen. Zum Glück befand sich in seinem Reiserucksack auch eine Badehose. Handtücher konnte er sicherlich an der Kasse des Bades ausleihen. Und so schritt er durch den Eingang in das Thermalbad. Wie die alten Römer schon zu Lebzeiten wussten, war der Ort des Bades ein Ort der Ruhe und Erholung. Nachdem er die Umkleidekabinen verlassen hatte, suchte er erst einmal das recht warme Wasser in einem der Becken auf. Es war recht angenehm für ihn, das warme Wasser auf seiner Haut zu spüren. Das Bad war heute von nur wenigen Menschen besucht. Und somit fand er ausreichend viel Platz in den verschiedenen Becken des Bades. Nach gut einer halben Stunde ging er in den Ruhebereich. Dort stand eine Vielzahl von Liegen für die Besucher bereit. Tim entschied sich für eine von zwei Liegen, die etwas abseits standen. Ihn beschäftigte in Gedanken immer noch sein Besuch auf dem Friedhof. Wenn er durch die Scheiben des Ruhebereiches schaute, sah er Menschen, die sich im Wasser vergnügten oder im Gespräch waren. Aber keinem war zu diesem Zeitpunkt bewusst, nur eine bestimmte Lebenszeit zur Verfügung zu haben. Auch er hatte sich darüber nie Gedanken gemacht. Und solange er Interesse am Leben und an den Dingen des Lebens hatte, spielte es auch für ihn keine Rolle. Auf der anderen Seite spürte er so etwas wie Traurigkeit über diesen Umstand. War es überhaupt sinnvoll und angebracht, sich darüber Gedanken zu machen? Tim überlegte: Hatte sein Lebensmeister nicht bereits zu diesem Thema etwas erzählt? Ja, das hatte er. Am Anfang seiner Ausbildung hatte er erwähnt, dass für ein Menschenleben auf diesem Planeten nur eine bestimmte Zeit vorgesehen war. Und das gehörte zum Spiel des Lebens, um Erfahrungen in dieser gegenständlichen Welt zu sammeln. Der Gedanke an den eigenen Tod sollte für viele Menschen etwas sehr Bedrohliches haben. Der Grund lag darin, dass die meisten Menschen nur das wahrnahmen, was sie auch sehen konnten. Somit schien der Tod für alle Lebewesen das endgültige Ende des Lebens zu sein. Und hierin lag auch der Grund, warum sich niemand gerne mit diesem Thema beschäftigte. Tim war natürlich auch klar, dass dieses Thema zu einem späteren Zeitpunkt für ihn noch einmal wichtig werden sollte. Jetzt ging es für ihn erst einmal darum, sein Leben und das Leben an sich wahrzunehmen und dabei die Antworten zu seinen beiden Fragen zu sammeln. Über diese Gedanken schlief er auf seiner Liege ein.

Tim erwachte durch einen leichten Druck, den er auf seiner Nase verspürte. Als er seine Augen öffnete, sah er in ein grinsendes Kindergesicht. „Wer bist denn du?" Der kleine Junge lachte und lief zu seiner Mutter, die nur wenig entfernt auf einer der Liegen saß. „Oh, ich hoffe Leo hat nichts angestellt?" „Nicht wirklich, er hat mich nur sehr nett geweckt". „Seit Leo 4 Jahre alt geworden ist, sucht er nach immer neuen Möglichkeiten seine Streiche zu spielen. Ich kann gar nicht so schnell sein, wie er schon wieder neue Ideen entwickelt hat und diese gleich ausprobiert." „Da haben Sie ja eine sehr verantwortungsvolle Aufgabe übernommen." „Ja, das schon. Mein kleiner Sohn ist zu meinem Lebensinhalt geworden." „Dann wird sein Vater ja genauso viel Freude mit ihm haben." „Das hätte er sicherlich, nur ist er bei einem Autounfall vor zwei Jahren gestorben." „Oh, das tut mir leid." Er nahm sein Badehandtuch von der Liege auf, verabschiedete sich von den beiden und lief in Richtung Umkleidekabinen. Tim empfand natürlich auch Traurigkeit darüber, dass der kleine Leo ohne Vater aufwachsen sollte. Warum war das so? Und so wandte er sich an seine innere Stimme. Als Antwort erhielt er die folgenden Worte: ‚Wer sagt dir denn, dass Leo ohne Vater aufwachsen wird' Er erinnerte sich in diesem Zusammenhang an seinen Lebensmeister. Er hatte Tim in seiner Ausbildung bereits etwas zum und über den Tod von Menschen erzählt. Genau genommen gab es so gut wie keinen Zufall. Ein Mensch, der verstarb, hatte seine Lebenszeit auf dieser Erde beendet. Der Hintergrund lag im Erreichen von bestimmten Erfahrungen, die ein Weiterleben nicht notwendig machte. Das Leben konnte auch durch einen Unfall oder eine Krankheit beendet werden. In einigen Fällen, besonders bei Krankheiten gab es für Menschen die Möglichkeit ihr altes Leben bzw. Verhalten zu überdenken und neue Wege zu beschreiten. Es war so etwas wie eine letzte Chance. Die Hinterbliebenen hatten mit dieser Situation natürlich zu kämpfen. Es war der Verlust, oder besser gesagt der sichtbare Verlust eines geliebten Menschen. Und da zusätzlich die meisten Menschen ihr Leben ausschließlich in dieser sichtbaren Welt sahen, war der Tod für sie etwas Endgültiges. In dem Fall, dass ein Vater oder eine Mutter starb, musste der verbliebende Elternteil die andere Elternrolle mit übernehmen. Und diese Alleinerziehenden bekamen auf einem geistigen Weg zusätzliche Unterstützung. Wie das genau geschah, sollte er erst in der weiteren Ausbildung erfahren. In diesem Buchteil steht für Tim und den Leser etwas anderes im Mittelpunkt.

Nach dem Verlassen des Bades suchte er in seinem Buch nach einem Schullandheim in Fürth. Alle Schullandheime in der näheren Umgebung schienen außerhalb der Stadt zu liegen. Sollte er heute nicht in Fürth übernachten? Seine innere Stimme hatte sicherlich auch in dieser Angelegenheit eine Antwort parat. Er ging wieder mit seinem Bewusstsein ins Herz und stellte dort seine Frage. Die Antwort kam sofort. ‚Nein'. ‚Wie es wohl funktioniert, seine innere Stimme zu hören', fragte er sich in Gedanken. Eine weitere wichtige Frage, die er seinem Lebensmeister nach seiner Rückkehr noch stellen wollte. ‚Und wohin soll ich nun gehen', fragte er gleich noch mal im Anschluss. Doch eine weitere Antwort erhielt er nicht. Und so ging er in Richtung Bahnhof, ohne genau zu wissen, wo er in dieser Nacht schlafen sollte. Er bog hier und da mal ziellos in die eine oder andere Straße ab und sah plötzlich ein Schild mit der Aufschrift „Bed & Breakfast", das vor einem alten schönen Haus hing. ‚Soll ich hier heute übernachten', fragte er seine innere Stimme. Die Antwort lautete „Ja". Das Haus, das eher eine Villa war, lag eingebettet in einem Park. Recht nobel dachte er und schritt auf die Eingangstür des Hauses zu. Und hoffentlich kann ich mir das auch leisten. An der kleinen Rezeption wurde er von einer freundlichen Frau begrüßt. „Guten Tag, was kann ich für Sie tun?" „Hätten Sie noch ein Zimmer bis morgen früh frei?" „Ja, junger Mann. Sie haben Glück. Wir sind fast ausgebucht! Wir haben im Dachgeschoss noch ein Einzelzimmer frei." „Und was würde das Zimmer kosten?" Als Tim den Preis hörte, war ihm klar, dass seine innere Stimme ihn richtig geleitet hatte. „Möchten Sie auch morgen früh bei uns frühstücken?" „Ja, gerne." „Unser Frühstücksbüfett ist ab 08:00 Uhr geöffnet. Sie können bei uns morgen gerne im Garten frühstücken. Das Wetter soll traumhaft werden. Ihr Zimmer ist hier vorne die Treppe hinauf." Tim bekam den Zimmerschlüssel und machte sich in den dritten Stock auf. Er schritt langsam die alten Stufen hinauf. Die Villa schien im letzten Jahrhundert erbaut worden zu sein. Solche alten Häuser hatten den Stil und die Atmosphäre einer vergangenen Zeit. ‚Wie viele Menschen diese Villa bereits besucht und bewohnt hatten', fragte er sich in Gedanken. Für heute hatte er genug erlebt und legte sich recht schnell schlafen. Ihm war, als ob eine Klaviermelodie ihn in den Schlaf begleitete. Pünktlich um 7:30 Uhr wachte Tim auf. Er hatte gut geschlafen und im Garten hörte er einige Vögel zwitschern. Nachdem er geduscht hatte, ging er die Treppen nach unten zum Frühstücksbüfett. Im Garten der alten Villa schien die Sonne bereits durch die Bäume und ein leichter Wind mit dem Duft von Rosen strömte ihm entgegen. Das war ein toller Tagesbeginn.

Nach einem ausgiebigen Frühstück und der Begleichung seiner Rechnung ging er zielstrebig zum Bahnhof. Bereits auf den Weg dorthin stellte er seine Frage nach seinem nächsten Reiseziel. Als Antwort bekam er „Regensburg". Auch diese Zugfahrt sollte nicht allzu lange dauern. Diesmal war der Zug wieder mit vielen Reisenden besetzt, sodass Tim keinen Fensterplatz bekam. Er saß in einem Großraumwagen. Zum ersten Mal auf seiner Reise nahm er die Menschen im Zug nicht wahr. Seine Gedanken beschäftigten sich mit ihm selbst. Es war schon alles recht eigenartig. Sein Leben hatte eine Wendung genommen. Seit er seinen Lebensmeister kennengelernt hatte, hatte er ein neues Interesse an sich selbst, den Menschen und dieser Welt bekommen. Seinen Schulabschluss hatte er eher mit „Ach und Krach" bestanden. Und das war bei seinen Eltern nicht gerade mit Begeisterung aufgenommen wurden. Überhaupt machte ihm die Schule bisher keinen Spaß. Und das lag zum einen an seinen Lehrern und zum anderen an dem Unterrichtsstoff, der hauptsächlich theoretisch ausgerichtet war. Doch bei seinem Lebensmeister war das alles ganz anders gewesen. Hier hatte er wirklich etwas vom Leben auf diesem Planeten Erde gelernt. Er hatte selbst entdeckt, welche Fähigkeiten er hatte und weiter entwickeln konnte, wenn er wollte. Und auch den Kontakt zu seiner inneren Stimme hatte er erlernt. Alles war immer auf freiwilliger Basis erfolgt. Sicherlich war das einer der Gründe, warum er wieder Spaß am Lernen und Beobachten bekommen hatte. Scheinbar richtete sich alles auf ein Ziel aus, das er aber noch nicht kannte. Und auch die Zeit nach seiner Reise beschäftige ihn heute Morgen. Nach seinen Ferien war für ihn geplant, eine kaufmännische Ausbildung zu beginnen. Mit seinem Notendurchschnitt war leider ohne die Hilfe seines Vaters keine andere Möglichkeit gegeben gewesen, einen Ausbildungsplatz zu finden. Und somit sollte Tim in der Firma seines Vaters anfangen. Doch wollte er es wirklich? Er hatte das Gefühl, in das Verhaltensmuster seiner Eltern gepresst zu werden. Immer nach der Devise: Hauptsache ein Ausbildungsplatz. ‚Danach kannst du ja immer noch etwas anderes lernen', waren die Worte seines Vaters. Aber was wollte er wirklich? War es nicht auch ein Zeitverlust etwas zu lernen, was man eigentlich gar nicht wollte? Jedenfalls war er verunsichert und der Gedanke an seine Ausbildungssituation war von einem mulmigen Gefühl begleitet. Und so verging die Zugreise für ihn wie im Flug. Und hätte nicht der Zugbegleiter über den Zuglautsprecher den Bahnhof von Regensburg angekündigt, wäre er sicherlich heute an seinem Ziel vorbei gefahren.

4. In Regensburg

Regensburg gefiel ihm auf Anhieb sehr gut. Die alte Universitätsstadt beheimatete natürlich auch viele junge Studenten. Das Stadtbild mit seinen Menschen schien ihm lebendiger zu sein, als alle Städte, die er bisher besucht hatte. Überragt wurde die Stadt von ihrem Dom. Tim fand es interessant, sich alte Kirchengebäude anzuschauen. Die verschiedenen Stile der jeweiligen Epochen waren oftmals ohne Probleme an den alten Gemäuern abzulesen. Der gotische Dom jedenfalls war von vielen Touristen besucht, da in den Reiseführern diese Empfehlung nicht fehlen durfte. Die Enge im Dom, bedingt durch die vielen Menschen und ihren lauten Gesprächen, fand er einfach unmöglich. Es gab wohl innerhalb von diesem großartigen Kirchengebäude keine Zurückhaltung und Achtsamkeit von den Besuchern. Nicht einmal untereinander. Tim war an den Kölner Dom erinnert, den er vor zwei Jahren besucht hatte. Dort waren sogar Menschen mit ihren Koffern anzutreffen gewesen, da der Hauptbahnhof in unmittelbarer Nähe lag. Schnell suchte er nach dem nächsten Ausgang. In der historischen Altstadt von Regensburg befanden sich unzählige alte Häuser. Tim war sehr beeindruckt. ‚Wie die Menschen wohl früher gelebt hatten', fragte er sich. Welchen Sinn ihres Lebens hatten sie wohl angenommen oder für sich festgelegt? Auch die christlichen Kirchen, Fürsten, Könige und Kaiser hatten dabei sicherlich eine Rolle gespielt. Jedenfalls mussten die Menschen ihre Dienste verrichten und wurden als Untertanen angesehen, die zu funktionieren hatten. Und dabei ging es damals den meisten Menschen wahrscheinlich nur um das tägliche Überleben. Vielleicht lag der Sinn ihres Lebens damals darin, einfach Untertan zu sein. Und so ließ er sich durch die Altstadt treiben. Er ging viele Straßen lang, bestaunte die Häuser, bog links und dann mal wieder rechts ab und lief direkt auf eine kleine Kirche zu. Es war eine Basilika mit dem Namen „St. Emmeram". Hier schienen weniger Touristen als im Dom zu sein. Er öffnete die schwere Kirchentüre und trat in den barocken Innenraum ein. Langsam schritt er in Richtung Altar. In die vorderste Reihe der Kirchenbänke setzte er sich. Seinen Rucksack legte er neben sich ab und betrachtete in aller Ruhe die barocke Ausführung der Basilika. Es war schon eine Pracht, die das barocke Zeitalter hinterlassen hatte. Und hier schienen sich auch die wenigen Touristen etwas leiser und behutsamer zu bewegen. Die Atmosphäre war weitaus angenehmer als in dem überfüllten Dom. Eine ältere Frau setzte sich zu ihm in die Kirchenbank. Sie nickte ihm freundlich zu, schloss ihre Augen und faltete die Hände. Nach wenigen Minuten öffnete sie wieder die Augen, löste ihre Hände aus der Gebetshaltung und blieb ruhig sitzen. Tim nahm das alles wahr. ‚Was sie wohl hier in die Kirche geführt hatte', fragte er sich in Gedanken. Sicherlich die Suche nach einer Verbindung mit Gott. Welchen Sinn sie wohl in ihrem Leben annahm? Tim war etwas verunsichert, ob er sie ansprechen könnte. Er ging mit seinem Bewusstsein ins Herz und stellte dort seine Frage. Die Antwort seiner inneren Stimme kam sofort und lautete „Ja". „Darf ich Sie mal etwas fragen?" Etwas überrascht sah die Frau ihn an. „Ja, selbstverständlich, aber bitte leise." „Was ist für Sie der Ursprung aller Dinge auf dieser Welt?" „Natürlich Gott", antwortete sie. „Und welcher Sinn liegt in ihrem Leben?" „Gott zu lieben." „Ist das alles?" „Ja, reicht das denn nicht?" „Doch, doch." „Ich hatte nur gedacht, dass sie vielleicht noch ihre Familie nennen, oder etwas Ähnliches." „Ich habe nie geheiratet und hatte nie eine Familie, da ich im Waisenhaus aufgewachsen bin." Tim war peinlich berührt. Das hatte er wirklich nicht ahnen können. Er versuchte schnellstens das Gespräch zu beenden und sagte: „Vielen Dank für das Gespräch." „Bevor du nun diese wunderschöne Basilika verlässt, noch eine Frage von mir. Warum hast du mich denn überhaupt gefragt?" „Ich bin auf der Reise und soll als Aufgabe meines Lebensmeisters in Erfahrung bringen, was die Menschen für einen Lebenssinn haben und was wohl der Ursprung dieser Welt ist." „Das ist ja interessant. Gehörst du und dein Lebensmeister einer Glaubensgemeinschaft an?" „Was meinen Sie denn mit Glaubensgemeinschaft?" „Na welcher Religion ihr angehört." „Keiner, soweit ich weiß." „Das verstehe ich nun nicht. Du gehörst keiner Kirche an und trotzdem beschäftigst du dich mit diesen Fragen und machst extra die Reise hier her nach Regensburg, um mich das zu fragen?" „Ja, das habe ich gemacht. Ich glaube auch nicht, dass es Zufall ist, dass wir uns hier getroffen haben. Ich lasse mich von meiner inneren Stimme auf meiner Reise leiten. Nun wünsche ich Ihnen noch einen guten Tag." Und mit diesen Worten stand er auf und ging zur Kirchentüre. Die Frau blieb sehr nachdenklich auf ihrem Platz sitzen.

Tim verließ die Basilika. Er ließ sich ohne weiteres festes Ziel einfach von seiner inneren Stimme führen. Nicht weit von der Basilika befand sich ein Park. Und hier wollte Tim seine erste Pause unter einem Baum machen. Eine schattige Bank lud ihn regelrecht ein. Von hier hatte er einen recht guten Überblick auf einen Teil des Parks. Nachdem er etwas gegessen und getrunken hatte und sich zwei Hundebesitzer in unmittelbarer Nähe eine Bank in Beschlag genommen hatten, war es mit der Ruhe vorbei. Die zwei männlichen Hundebesitzer wollten abwechselnd von ihren Hunden einen kleinen Ball gebracht haben, den sie voller Freude auf die Wiese warfen. Und dabei riefen sie: "Bring den Ball dem Herrchen". Tim kam es nur etwas eigenartig vor, wenn sich die Hundebesitzer auch noch als Herrchen bezeichneten. Gegen eine Unterhaltung mit seinem Hund war sicherlich nichts einzuwenden. Nach allem Anschein war es irgendeine Kindersprache, die die Erwachsenen in bestimmten Situationen annahmen. Vielleicht war der Hund auch zu einem Kinderersatz geworden. Die Verhaltensweisen erinnerten ihn an Großeltern, Onkel oder Tanten, die zum Besuch eines Babys angereist waren, und dauernd ‚Du, Du, Du' oder ‚Pussy, Pussy' sagten. Warum war das wohl so? Oder hatte er irgendetwas nicht wahrgenommen oder übersehen? Schon eigenartig, welche Verhaltensweisen von Menschen in bestimmten Situationen möglich waren. Wenn er sich recht erinnerte, war ihm die Verhaltensweise von den beiden Hundebesitzern schon einmal beim Tierarzt in Freiburg aufgefallen, als er mit seinem Meerschweinchen Susi im Wartezimmer gesessen hatte.

Und so nahm Tim seinen Rucksack und machte sich wieder auf seinen Weg durch Regensburg. Gegen 17:00 Uhr hatte er von der Stadt und seinen Menschen genug gesehen. Übernachten wollte er heute in der Jugendherberge von Regensburg. Diese lag nur wenige Minuten vom Zentrum entfernt auf einer Insel zwischen den Flüssen Donau und Regen. Und auch eines der wenigen Einzelzimmer konnte er für die Nacht bekommen. Das Frühstücksbüfett sollte von 07:00 Uhr bis 09:00 Uhr geöffnet sein.

Sollte er diesen Morgen beim Frühstück jemand kennenlernen? Das waren seine Gedanken, als er nach dem Aufstehen unter der Dusche stand. Und wohin sollte seine weitere Reise gehen? Sollte es so weiter gehen, dass er jeden Tag in eine andere Stadt reiste? Um genau 07:30 Uhr saß Tim im Frühstücksraum der Jugendherberge. Er hatte bereits eine Tasse Kaffee getrunken und eine Quarkspeise gegessen, als sich ein etwa 18-Jähriger an seinen Tisch setzte. „Hallo, ich bin Sven", waren seine Worte zur Begrüßung." Und ich bin Tim aus Freiburg." „Ich mache zurzeit eine Rundreise durch Süddeutschland und besuche alte Kirchen und war gestern noch in Passau." „Und was gibt es da zu sehen?" „Die haben einen tollen Dom und mittags immer ein Orgelkonzert. Du musst wissen, ich spiele auch Orgel und finde es einfach fantastisch, welchen Klang dieses alte Instrument in diesem Dom hat. Seit meiner frühsten Kindheit hat mich das Orgelspiel bereits interessiert. Und nachdem ich erst einmal Klavier gelernt habe, will ich nach meinen Ferien das Studium zum Organisten an der Musikhochschule Leipzig beginnen. Die Aufnahmeprüfung habe ich auch bereits bestanden." „Das hört sich ja sehr interessant an. Würdest du sagen, dass der Sinn deines Lebens im Orgelspiel liegt?" „Du kannst Fragen stellen. Sicherlich ist das ein wichtiger Bestandteil meines Lebens. Aber zu meinem Sinn im Leben gehört auch ein gottbestimmtes Leben zu führen. Ich bin katholisch und mir ist es wichtig, dem Papst Folge zu leisten." „Könnte sich so ein Papst denn nicht auch mal irren?" „Als Nachfolger von Petrus in diesem Amt, glaube ich das nicht. Ich jedenfalls halte mich an seine Vorgaben." Tim überlegte: Das war wieder eine Frage an seinen Lebensmeister. War es richtig, einem Menschen wie dem Papst bedingungslos Folge zu leisten? Oder gab es Unterschiede in dieser Frage zwischen den anderen Religionen, ob sie nun christlich geprägt waren oder auch nicht? „Und wo siehst du den Ursprung dieser Welt?" „Was für eine Frage, natürlich in Gott. Sag mal Tim, was sind das für eigenartige Fragen von Dir?" „Ich bin nur philosophisch interessiert. Darum habe ich dich das gefragt. Ich finde es interessant zu hören, worin der Sinn des Lebens von den jeweiligen Menschen gesehen wird." „Und bist du nun mit meinen Antworten zufrieden?" „Weder – noch. Ich bewerte doch nicht die Antworten auf diese Frage. Es geht mir nur darum, die unterschiedlichen Sichtweisen zu erfahren." Tim verabschiedete sich von Sven und ging auf sein Zimmer zurück, um seinen Rucksack zu holen. ‚Passau' ging ihm durch den Kopf. War das sein nächstes Reiseziel? Seine innere Stimme meinte wieder mal „Ja". Und so machte er sich nach seinem Frühstück auf seine Reise nach Passau. Auch heute sollte die Zugreise nur gut eine Stunde dauern.

5. In Passau

In Passau angekommen machte sich er zuerst auf den Weg zur Jugendherberge. Diese lag über der 'Drei-Flüsse-Stadt' und war in einer ehemaligen Festung untergebracht. Von dort gab es einen guten Ausblick auf die Flüsse und die Altstadt von Passau. Er hatte nur die Möglichkeit in einem 4-Bett-Zimmer mit unterzukommen. Mit seiner Bettwäsche ging er auf das Zimmer, bezog sein Bett und verschloss seinen Rucksack in einem Schrank. Tim hätte lieber in einem Einzelzimmer übernachtet, jedoch war der Übernachtungspreis unschlagbar preiswert. Und zusätzlich sollte es am nächsten Morgen noch ein Frühstücksbüfett geben. So verließ er das alte, aber renovierte Gebäude und ging bergab zurück in die Innenstadt von Passau. Dort fand er wieder ein italienisches Eiscafé. Wie in Würzburg zum Beginn seiner Reise setzte er sich an einen Tisch und bestellte ein großes gemischtes Eis. Er beobachte von seinem Platz aus das Leben in dieser Stadt. Mittlerweile hatte Tim den Eindruck gewonnen, dass die Menschen sehr hektisch waren. Die Touristen schienen angetrieben zu sein, von ihrem selbst gesteckten Ziel, alle Sehenswürdigkeiten einer Stadt in wenigen Stunden abzuarbeiten. Dabei stand das Fotografieren im Mittelpunkt. Jedoch die wirklichen Schönheiten der Bauwerke wurden nicht mehr wahrgenommen. Die Bewohner der jeweiligen Stadt liefen hektisch von einem

Ort zum anderen. Auch hier war es wohl der Zeitfaktor, der eine wichtige Rolle in deren Leben spielte. Es war eine große Unruhe, die in den Städten vorherrschte. Was fehlte, war ein Ort der Ruhe und der Stille. Gab es solche Orte nur in der Natur oder im Wald, fragte er sich? Es gab auch in den von ihm besuchten Städten solche Orte. Es waren die kleinen und wenig besuchten Kirchen gewesen, die er sich oft angeschaut hatte. Und abgesehen von wenigen Geräuschen, die aus dem Umkreis dieser Bauwerke kamen, war es dort wirklich ruhig. Hier waren auch die Massen von Touristen nicht zu finden, da die vielen bunten Reiseführer sich hauptsächlich nur mit den 'wirklichen' Sehenswürdigkeiten beschäftigten. Aber suchten die Menschen überhaupt diese Stille und Ruhe, die er so in den Städten vermisste? Ließ das alltägliche Leben hierfür überhaupt Zeit? Irgendwie waren alle damit beschäftigt, sich von sich selbst abzulenken.

Gegen 11:50 Uhr saß er bereits im Passauer Dom. Um 12:00 Uhr sollte ein Orgelkonzert stattfinden. Tim war gespannt. Er saß in diesem hellen, sehr schönen barocken Dom und bestaunte die vielen Figuren und Bilder. Und bei diesem Dom hatten die Meister des Bauhandwerkes selbst Hand angelegt. Wie musste erst die Orgel klingen. Sicherlich war es auch ein Meisterstück der Orgelbaukunst, auf dem gleich Bachkantaten gespielt werden sollten. Das Einzige, was ihn etwas störte, waren die vielen Menschen, die die gesamten Kirchenbänke in Beschlag genommen hatten. Zum Glück wurde kaum gesprochen, und wenn, dann nur leise. Pünktlich begann das Orgelkonzert. Aus allen Bereichen des Doms ertönten die Klänge des Orgelspiels. Es war ein fantastischer Klang, der den gesamten Dom erfüllte. Es war wie ein Ausflug in eine andere Welt. Der Klangwelt eben, für die er eine wirkliche Begeisterung empfand. Nach seinem Klangerlebnis empfand Tim eine große Müdigkeit. Ohne sich noch lange in der Innenstadt aufzuhalten, kehrte er zurück in die Jugendherberge. Es reichte ihm erst einmal, jeden Tag in eine andere große Stadt zu reisen. Er wollte wieder hinaus in die Natur, und maximal noch in eine Kleinstadt, in der Nähe von einem See oder den Bergen. Die vielen Eindrücke und Erlebnisse mit den Menschen reichten aus und mussten zu einem kleinen Teil auch noch von ihm aufgeschrieben werden. Ob es wohl Unterschiede zwischen den Stadtmenschen und Bewohnern der ländlichen Regionen gab? Gab es dort vielleicht auch andere Antworten auf seine Fragen? Und über diese Fragen schlief Tim ein.

Morgens nach seinem Frühstück über den Dächern von Passau machte er sich auf den Weg zum Bahnhof. Im Bahnhof angekommen, schaute er sich das Schaufenster eines Reisebüros an. Hier fiel ihm besonders ein Urlaubsangebot aus dem Allgäu auf. Genau genommen war es der Ort „Fischen". Sollte das sein nächster Urlaubsort werden. Nach der Auskunft seiner inneren Stimme, die kurz und bündig seine Frage mit „Ja" beantwortete, schlenderte er erst einmal weiter, um am Informationsschalter der Bahn die nächste Zugverbindung zu erfahren. Die Weiterfahrt zu seinem neuen Ziel sollte über 5 Stunden dauern. Hierzu musste er in München umsteigen. Es sollte sich für ihn lohnen, diese lange Fahrtzeit zu investieren. Doch davon wusste er zu diesem Zeitpunkt noch nichts. Tim nahm seinen Rucksack in die Hand und ging langsam auf den Bahnsteig.

Auch heute sollte Tim wieder einen Fenstersitzplatz bekommen. Noch bevor der Zug den Bahnhof verlassen hatte, setzte sich eine gut aussehende junge Frau zu ihm. Es drang sofort ein Parfümgeruch in seine Nase. Dieser erinnerte ihn etwas an den Duft einer Rosensorte, den er im Garten von seinem Lebensmeister wahrgenommen hatte. Nur war dieses Parfüm um ein Vielfaches stärker. Er empfand es als sehr aufdringlich. Die junge Frau war sehr modern und elegant gekleidet und machte zusätzlich noch einen sehr sportlichen Eindruck. „Guten Morgen." „Wohin wollen Sie denn reisen?" „Ich fahre in die Nähe von München zu einem Kongress." „Und was ist das für ein Kongress?" „Es geht darum, seine Ziele im Leben zu erreichen. Er hat den Titel: 'Wie werde ich ein Sieger'. Ich bin sehr erfolgreich im Vertrieb von Kosmetikprodukten tätig und erst gestern zur Vertriebsleiterin ernannt worden." „Aber wenn Sie doch schon so erfolgreich sind, warum benötigen sie denn dann noch diesen Kongress?" „Weil ich eben noch erfolgreicher werden will. In meinem Leben steht die berufliche Karriere im Vordergrund. Wir können uns gerne nachher weiter unterhalten. Übrigens mein Name ist Elisabeth." „Und ich heiße Tim." Sie holte eine Managerzeitung aus ihrer Tasche und begann darin zu blättern und zu lesen.

Tim überlegte. Was machte es für einen Sinn, immer erfolgreicher als andere Menschen zu werden? Sicherlich war so etwas wie Stolz dabei und die Möglichkeit dadurch Anerkennung und Beachtung von weiteren Menschen zu bekommen. Und das gab dieser Frau dann die Sicherheit das Richtige getan zu haben. Und nun ist ihr diese Zeitung schon wichtiger als das weitere Gespräch mit mir. Wahrscheinlich holt sie da weitere Anregungen für ihr Leben her. Er erinnerte sich an die Frau in der Basilika in Regensburg. Dieser Frau ging es damals augenscheinlich eher um den Kontakt mit Gott, und das war ihr Lebensmittelpunkt. Bei seiner neuen Bekannten schien das nur auf sich selbst gemünzt zu sein. Sein Lebensmeister hatte ihm auch von dem Egoanspruch der Menschen erzählt und gewarnt, dass daraus oft Egoismus und Hochmut entstand. Nach gut 40 Minuten schien die Zeitungsleserin ihre wichtigsten Artikel gelesen zu haben. Sie schaute zu ihm auf und sagte: „So nun werde ich mir noch ein Mineralwasser holen. Wenn ich zurück bin, können wir uns gerne weiter unterhalten." Und ohne eine Antwort abzuwarten, verschwand sie in Richtung Speisewagen. Nach 10 Minuten war Elisabeth zurück. In der Hand eine Flasche Mineralwasser und in der anderen ein Glas. „Nun erzähle mir mal Tim, wohin du fährst und warum du so neugierig bist." „Also ich fahre nach Fischen im Allgäu. Und neugierig bin ich nicht, sondern es interessiert mich eben, was Menschen so machen und welchen Sinn sie in ihrem Leben sehen oder diesem auch geben." „Dann wirst du mal sicher Philosoph werden. Hast du vor, zu studieren?" „Bisher hatte ich das nicht vor. Ich müsste erst einmal Abitur machen. Und zurzeit habe ich keine Lust mehr auf Schule." „Also ich habe das Abitur mit einer Zwei bestanden und danach meine kaufmännische Ausbildung mit sehr gut abgeschlossen. Bereits ein Jahr nach meiner Abschlussprüfung bin ich nun Vertriebsleiterin geworden. Ich fahre einen Sportwagen, trage Designer-Kleidung und besitze eine Eigentumswohnung. Und Golf spiele ich auch. Meine Ausrüstung hat 3000 € gekostet." „Und wohin soll dein Leben noch führen? Zum Besitz einer Villa und einer Jacht?" „Ja schon möglich. Nur weil andere Menschen nicht erfolgreich in ihrem Leben sein wollen, muss ich das doch nicht auch wollen." „Interessierst du dich auch für die Natur? Gehst du auch schon mal wandern?" „Mir reicht mein Golfsport schon, da bin ich auch immer draußen." „Ja, schon", meinte Tim. „Nur mit einem Unterschied, dass du die Natur nicht wahrnimmst. Deine Wahrnehmung beschränkt sich eher auf die Windrichtung und somit auf die Flugrichtung deines Golfballes. In allem, was du tust, bist du sehr erfolgreich. Aber besteht das Leben denn nicht aus mehr?" „Wie meinst du das?" „Verliert man nicht die Wahrnehmung für diese Welt, wenn nur noch Leistung zählt und der tägliche Stress immer größer wird? Was ist mit einer Familie oder einen Partner. Oder auch mit Gott?" „Oh weh, lass mal Gott aus dem Spiel. So einen gibt es nicht. Diese Welt ist genauso ein Zufallsprodukt, wie es auch mein Leben ist." „Dann scheinen ja für dich die gesamten religiösen Menschen auf dieser Welt falsch zu liegen." „Aus meiner Sicht schon. Ich bin ganz zufrieden, wie es für mich gerade beruflich läuft. Was brauche ich da einen Gott oder eine Religion. Ich will was vom Leben haben und mich nicht in irgendeiner Weise, weil es vielleicht nicht meiner Religion entspricht, einschränken." Tim dachte an seinen Lebensmeister. Er hatte ihm einmal den folgenden Satz gesagt: Ein Mensch, der keinen wirklichen Sinn in seinem Leben sieht, wird auch keinen Ursprung erkennen können. Er hatte diesen Satz damals nicht so richtig deuten können. Demnach war es wohl nicht Sinn des Lebens, immer reicher und erfolgreicher zu werden. Also war es wohl so, dass alle Menschen, die einen Gott nicht anerkennen wollten, dann auch ihr Leben als Zufall ansahen? Aber was war denn nun der wirkliche Sinn des Lebens? Eine weitere Frage, die er seinem Lebensmeister stellen musste. „Jedenfalls vielen Dank für deine ehrlichen Antworten", meinte Tim zu Elisabeth. „Und was fängst du nun mit meiner Meinung zu meinem Leben an?" „Erst mal nichts. Ich notiere mir deine Antwort und gleiche diese mit den anderen gesammelten Antworten zu dieser Frage ab." Er vermied von seinem Lebensmeister zu sprechen. Denn es hatte oft Verwunderung hervorgerufen, wenn er von ihm gesprochen hatte. Und auch in seinem Brief hatte er ihm geraten, zu schweigen, wenn es angebracht war. Und so war auch das Gespräch zwischen den beiden beendet. Elisabeth schlug ein Buch auf, mit dem Titel „Auf dem schnellsten Weg zum Erfolg".

Tim schaute noch eine Weile aus dem Zugfenster. Dabei beschäftigten ihn mal wieder einige Gedanken zu dem Lebenssinn. Er war an seine Bekanntschaft in Würzburg erinnert, die er beim Frühstück kennengelernt hatte. Jana wollte als Fotomodell berühmt werden. Und damit war es für sie wichtig, wie auch bei Elisabeth, Beachtung und Anerkennung von anderen Menschen zu bekommen. Das machte die beiden dann wiederum einzigartig und stolz. Scheinbar war es so, dass der Mensch seine Lebensplanung bzw. seinen Lebenssinn selbst festlegte. Eine Ausnahme waren davon die gläubigen Menschen, die auch immer den Kontakt oder die Unterstützung von Gott für ihr Vorhaben und ihren Lebensweg suchten. Tim stutzte, etwas in seinen Überlegungen war nicht ganz stimmig. Auch die gläubigen Menschen legten ihren Lebenssinn selbst fest. Nachträglich holten sie sich dann das OK für ihr Vorhaben durch ein Gebet oder in einem Gespräch mit Gott. Sie versuchten ein gottgefälliges Leben zu leben. Aber was war nun ein gottgefälliges Leben? Sicherlich sahen das die Menschen auch wieder sehr unterschiedlich. Es wäre doch viel einfacher, sofort den Kontakt mit Gott aufzunehmen, bevor man sich auf einen Irrweg begibt. Doch wie machte man so etwas? Eine weitere Frage, die er an seinen Lebensmeister stellen wollte. Was hatte er einmal gesagt? Es gibt auf dieser Welt viele Gläubige, aber nur wenige wirklich wissende Menschen. Hatte sein Lebensmeister damit solche Menschen gemeint, die die Möglichkeit besaßen, mit Gott direkt Kontakt aufzunehmen?

In München verabschiedeten sich die beiden voneinander. Tim musste den Bahnsteig wechseln und hatte hierzu einige Minuten Zeit. Und auch in seinem Anschlusszug konnte er sich wieder einen Fensterplatz sichern. Schnell setzte sich der Zug in München in Bewegung. Er schaute noch eine Weile aus dem Fenster, bis die Landeshauptstadt von Bayern aus seiner Sicht verschwunden war. In einigen Stunden sollte er an seinem Ziel in Fischen angekommen sein. Was ihn wohl dort erwartete? Bisher hatte es sich immer als richtig erwiesen, seiner inneren Stimme zu folgen. Er freute sich schon auf die Berge und auf die schönen Wanderungen, die dort möglich waren.

Nachdem der Zug zweimal gehalten hatte, stieg eine etwa 70jährige Frau in den Zug. Sie war recht bäuerlich gekleidet und er hatte den

Eindruck ein „altes Mütterchen" neben sich sitzen zu haben. Sie schien geplagt vom Leben zu sein, denn sie atmete schwer. Ihre Stimme war recht heiser und sie selbst schien keine Lebensfreude auszustrahlen. Sie schaute ihn eine ganze Weile an. Tim spürte ihren Blick, obwohl er aus dem Fenster sah. Er empfand es als recht unangenehm. Dann sagte sie: „Du hast noch nicht viel vom Leben erfahren, nicht wahr mein Junge." „Ich bin nicht ihr Junge", erwiderte Tim. „Das ist mir egal, nur du weißt nicht, wie das Leben so sein kann und was dir alles geschehen kann." „Es geschieht immer etwas, ob wir es nun als negativ oder positiv beurteilen", antwortete Tim. „Aber was wollen Sie mir denn wirklich sagen?" „Dass das Leben immer nur aus Leid besteht. Und wir müssen alle leiden, weil der Herrgott es so vorgesehen hat." „Und woher wollen Sie das wissen?" „Aus meinem Leben weiß ich es. Meine Tochter ist bereits mit 12 Jahren an einer Lungenentzündung gestorben. Und kurze Zeit später auch mein Mann. Und auf dem Hof hat es ein Jahr nach seinem Tod noch ein Feuer gegeben. Der halbe Hof ist abgebrannt. Auch Jesus der Sohn von unserem Herrgott musste leiden und wurde ans Kreuz geschlagen." Tim war schockiert. War diese alte Frau noch klar bei Verstand oder erzählte sie einfach etwas, um wichtig zu erscheinen? Und irgendwie schien sie negative Gedanken in die Welt zu bringen. Er dachte an seinen Lebensmeister. Was hatte er Tim von solchen Begegnungen erzählt? Achte darauf, dass du Abstand hältst von Menschen, die eine negative Ausstrahlung haben. Sie brauchen deine Energie um sich damit selbst zu versorgen. Und solch eine Bekanntschaft hatte er gerade unfreiwillig gemacht. Aufstehen und einfach einen neuen Platz zu suchen, empfand Tim als recht unfreundlich. Auf der anderen Seite empfand er die Situation schon etwas bedrohlich. Was meinte wohl seine innere Stimme? Er ging mit seinem Bewusstsein ins Herz und fragte nach einer Lösung. Er bekam keine Antwort. Dafür sprach aber die alte Frau weiter: „Na mein Junge, dir fehlen die Worte bei so viel erlebten Leid?"

Und ohne dass Tim eine Antwort überlegen musste, sagte er: „Warum hat denn der Herrgott den Menschen die Möglichkeit gegeben auch zu lachen? Weil das Leben etwa nur aus Leid besteht?" Die alte Frau überlegte angestrengt. Tim beobachtete es an ihrer Gesichtsmimik. Und er sprach weiter: „Gab es nicht auch einmal Liebe zwischen Ihnen und Ihrem Mann, sowie Ihrer Tochter? Sie sehen im Leben nur Leid, doch Sie sehen nicht die Liebe, die es Ihnen ermöglicht hat, überhaupt ein Leben zu haben." „Du scheinst ja sehr klug daher zu reden, mein Junge. Nur hast du noch nie am eigenen Leib auch Leid erlebt. Und darum weißt du nicht, wovon ich spreche." Und mit diesen Worten stand die Frau auf und suchte sich im hinteren Zugbereich einen neuen Sitzplatz. Tim war angenehm überrascht, dass sich das Gespräch so schnell erledigt hatte. Er war sehr beeindruckt, von seinen Worten. Hatte er diese wirklich gesagt. Und wie war das zustande gekommen? Scheinbar hatte seine innere Stimme das Gespräch übernommen und ihn diese Sätze sagen lassen. Es war so, als ob er nur als Beobachter an diesem Gespräch teilgenommen hatte. Einige Zeit später hörte er wieder die heisere Stimme: Wissen Sie, dass das Leben ... Anscheinend hatte die Frau einen neuen Gesprächspartner gefunden. Er schaute wieder aus dem Fenster. Langsam veränderte sich das Aussehen der Umgebung. Es wurde bergiger und die Sonne schien an einem strahlendblauen Himmel. Er hatte das Allgäu mit seinen schönen Bergwiesen und Wäldern erreicht. Die Berge strahlten immer wieder etwas Erhabenes und Eindrucksvolles auf ihn aus.

6. Fischen im Allgäu

Am Bahnhof von Fischen folgte Tim erst einmal den Hinweisschildern zum Gästeservice. So nannte man hier das Tourismusbüro. Ihm war es erst einmal wichtig, nach der doch recht langen Reise ein Zimmer zu finden. Nach wenigen Minuten Fußweg wurde er dort freundlich empfangen. Und auch eine kleine preiswerte Pension hatte noch ein Zimmer zu vermieten. So machte er sich ausgestattet mit einem Stadtplan auf den Weg. Und nach weiteren 10 Minuten hatte er die Pension erreicht. Es war ein Einfamilienhaus, mit vielen bunten Blumenkästen vor den Fenstern und einem kleinen Vorgarten, das sich in einer Seitenstraße von Fischen befand. Ein großer schwarzer Kater lag auf der Fußmatte vor der Eingangstür. Bevor Tim klingeln konnte, musste er erst einmal den Kater begrüßen. Er streichelte ihn am Kopf und hörte als Dank ein lautes Schnurren. Die Haustür öffnete sich und eine freundliche alte Dame erschien. „Sie sind sicherlich mein Gast für die nächsten Tage, den ich erwarte." „Ja das bin ich", erwiderte Tim. „Kommen Sie bitte erst einmal herein. Möchten Sie etwas trinken?" „Ja, gerne". In der Küche erhielt er ein großes Glas frisch gepressten Apfelsaft. Nachdem er getrunken hatte, wurde er in sein Zimmer geführt. Es war ein kleines Zimmer mit Bauernbett und mit Blick in den Vorgarten. „So nun ruhen Sie sich erst einmal aus. Ich bin in meiner Küche, wenn Sie noch etwas brauchen oder etwas wissen möchten." Und so war Tim an seinem Ziel angekommen. Was ihn wohl hier erwarten sollte? Am Abend, nachdem er sich etwas ausgeruht und geduscht hatte, schaute sich Tim die kleine Stadt an. Er ließ sich wie auch in Regensburg einfach durch den Ort treiben. Spät am Abend kehrte er zu seiner Pensionswirtin zurück.

Am ersten Morgen wollte Tim eine Wanderung durch die Natur

unternehmen. Und am frühen Nachmittag hatte er sich vorgenommen, seine Erlebnisse aufzuschreiben und noch zu ergänzen. So war zwischenzeitlich ein Reisetagebuch entstanden, das ursprünglich nur für die Antworten seiner zwei wichtigen Fragen gedacht war. Und dann wanderte er los. Zuerst folgte er den Hinweisschildern zum Auwaldsee, umrundete diesen und wanderte in die Bergwelt um Fischen. Auf einer Anhöhe erblickte er vor sich eine Bank und setzte sich dort erst einmal. Er hatte bereits einen recht anstrengenden Fußmarsch hinter sich. Von dort blickte er auf eine kleine Wiese mit vielen bunten Wiesenblumen und einem sich anschließenden Tannenwald. ‚Diese Bergwelt hatte schon etwas für sich', dachte er. Tim spürte den Wind auf seiner Haut. Er hörte auch das Rauschen der Bäume, die sich im Wind leicht hin und her bogen. Hier war einer der Orte, die er auf seiner bisherigen Reise so vermisst hatte. Ob nicht alle Menschen so einen Ort im Innersten ihres Wesens suchten? Er empfand so etwas wie Glück. Und dabei saß er nur auf einer Bank und nahm seine Umgebung wahr. Plötzlich hörte er rechts von seinem Sitzplatz ein Rascheln und ein Knacken von Ästen. Ein kleiner Dackel spazierte direkt auf ihn zu und wackelte vor Freude mit seinem Schwanz. „Na, hast du dich verlaufen?", fragte er den Dackel ohne eine Antwort zu erwarten. Der kleine Dackel ließ sich streicheln und freute sich, einen freundlichen Menschen getroffen zu haben. Und wieder hörte Tim Geräusche, diesmal waren es Schritte. Sie schienen aus der gleichen Richtung zu kommen, aus der auch der kleine Hund gekommen war. Ein Mann in einer grünen Jacke mit Hut und einem Gewehr über der Schulter erschien. „Grüß Gott, junger Mann." „Guten Tag. Sind Sie hier der Förster?" „Ja natürlich, wer sollte ich denn sonst sein. Mein Waldi hat wahrscheinlich die Witterung deines Rucksackes aufgenommen. Ich nehme an, dass sich darin eine deftige Brotzeit befindet?" „Ja, das ist richtig. In meinem Rucksack habe ich Brot, zwei Würste und ein Stück Schinken." „Waldi ist noch recht jung und noch nicht vollständig ausgebildet. Er hört noch nicht immer. Aber ich bin sicher, ihn in drei bis vier Wochen vollständig zum Jagdhund ausgebildet zu haben. Und du, interessierst du dich für die Natur?" „Ja, ich finde es immer wieder beeindruckend, wie viele bunte Blumen es hier auf den Wiesen gibt. Und besonders die Grüntöne scheinen unendlich zu sein." „Das ist schön, dass dir das aufgefallen ist. Es ist sehr wichtig, dass die Menschen vor lauter Karrierestreben auch an die Natur denken und mit ihr sorgsam umgehen. Und dass sie auch die Wahrnehmung nicht verlieren, diese Schönheit überhaupt zu sehen. So und nun muss ich weiter. Wünsche dir noch einen schönen Tag und guten Aufenthalt hier bei uns im Allgäu." Und so wollte sich der Förster direkt weiter auf den Weg machen, doch Tim hatte noch eine Frage. „Bevor Sie mit Waldi weiter gehen, noch eine kurze Frage: Was ist für Sie der Sinn des Lebens?" Der Jäger war von der Frage etwas überrascht und überlegt kurz. „Also mein Lebenssinn besteht darin, diese Welt, die Natur mit allen Lebewesen zu schützen und achtsam mit ihr umzugehen. Und zusätzlich die Stadtmenschen auf die Schönheit und das wichtige Ökosystem aufmerksam zu machen. Das ist meine Lebensaufgabe und ist mein persönlicher Lebenssinn. Denke immer daran, die Natur kann ohne den Menschen leben, nur der Mensch nicht ohne die Natur. So, nun muss ich aber wirklich weiter." „Vielen Dank für Ihre Antwort und weiterhin alles Gute." Waldi war wieder mal vorausgelaufen und nur durch einen Pfiff des Försters zu bremsen. Er drehte um und lief direkt wieder auf den Förster zu. Kurz darauf war Tim wieder allein. ‚Schon ein toller Beruf, Förster zu sein', dachte er.

Bei seiner Rückkehr in die Pension traf er wieder auf seine freundliche Vermieterin, die ihn neugierig fragte: „Und was haben Sie heute unternommen?" „Ich war wandern und habe mir den Auwaldsee und den Wald rund um Fischen angesehen." „Sie haben auch den Förster, den Mayer Toni unterwegs getroffen." „Oh, woher wissen

Sie denn das?" „Er ist mein Schwiegersohn. Und er hat mir erzählt, dass Sie ihn nach dem Sinn seines Lebens gefragt haben. Das ist eine seltene Frage, die höchstens mal dem Pastor gestellt wird." „So etwas spricht sich ja sehr schnell herum." „Es ist schon eine außergewöhnliche Frage. Wenn Sie mehr hierzu wissen möchten, sollten Sie mal die Almbäuerin und Kräuterfrau oben auf der Alm besuchen. Ich könnte mir vorstellen, dass sie die richtige Gesprächspartnerin für Sie ist." „Und wo finde ich sie, und wie komme ich zu ihr?" „Ich zeige es Ihnen morgen beim Frühstück auf meiner Wanderkarte. Die können Sie selbstverständlich gerne geliehen haben. Sie sollten aber auch eine Brotzeit und etwas zum Trinken in Ihrem Rucksack mitnehmen. Die Wanderung dauert eine ganze Zeit und es geht häufig bergauf. Es ist auch eher eine Tour für zwei Tage, je nachdem wie das Wetter ist. Zur Not können Sie sicherlich auch bei ihr da oben übernachten."

Nachdem Tim am nächsten Morgen gefrühstückt hatte, machte er sich auf dem Weg zum Bergbauernhof. Bei einem Metzger kaufte er noch schnell einige Würste, Wasser und ein Brötchen mit einer dicken Scheibe Leberkäse. Eine solche Bäuerin und Kräuterfrau wollte er persönlich kennenlernen. Und vielleicht konnte sie ja etwas zu seinen Fragen erzählen. Sollte es ihm dort gefallen, war es sicherlich auch möglich, dort zu übernachten. Jedenfalls, wenn er sich auf seine innere Stimme verließ, sollte es die Möglichkeit geben. Vorbei an blühenden Bergwiesen und kleinen Bächen stieg er immer höher und höher. Auf einer Anhöhe machte er die erste Pause. An dem kleinen Bach kühlte er erst einmal seine Arme und sein Gesicht. Und er genehmigte sich mehrere Becher klares Quellwasser. Als er sich umdrehte, sah er auf die umliegenden Berge. Diese waren teilweise mit einigen Bäumen und Baumgruppen bedeckt und auf den Bergspitzen lag noch etwas Schnee. Eine grandiose Aussicht fand Tim. Nach gut 20 Minuten ging es für ihn weiter bergauf.

7. Auf dem Bergbauernhof

Es sollte noch eine weitere Stunde dauern, bis er den Bergbauernhof erreicht hatte. Im Garten sah er die Bäuerin. Sie trug Arbeitskleidung und eine Kopfbedeckung gegen die Sonne. Als sie ihn bemerkte, schien sie zu lächeln. „Guten Tag", sagte sie. „Ich hatte heute Morgen bereits die Empfindung, Besuch zu bekommen. Schön dass du hier herauf gekommen bist. Setz dich. Wenn du willst, kannst du frische Milch, Brot und selbst gemachten Käse bekommen." „Ja, gerne." Und ohne weitere Worte zu verlieren, verschwand die Bäuerin in ihrem Bergbauernhof. Und so nahm er Platz auf einer Bank, die mit einem Tisch vor dem Hofeingang stand. Er sah von dort direkt auf das Tal, aus dem er gekommen war. ‚Was mag das für ein Leben sein, hier oben weit weg von anderen Menschen, und nur mit den Tieren', dachte er. Auf dem Weg hatte er einige Kühe und sieben Ziegen gesehen, die wohl zum Hof gehören mussten. Die Bäuerin kam mit einem großen Holzbrett zurück, das mit Brot und Käse belegt war und einem Glas frische Milch. „Hier, jetzt kannst du dich erst einmal stärken. Wie heißt du denn?" „Ich heiße Tim." „Und was führt dich zu mir?" „Ich bin auf einer Reise und möchte etwas über den Sinn des Lebens erfahren. Und natürlich auch, was der Ursprung dieser Welt ist." Die Bäuerin sah ihn an. Tim sah ihren überraschten Gesichtsausdruck. „Bei mir war noch nie jemand zu Besuch, der solchen Fragen hatte und sie auch gestellt hat. Die meisten Menschen wollen von mir Kräuter haben, um ihre Leiden und Krankheiten zu kurieren. Ich werde dir deine Fragen beantworten. Nun iss erst einmal. Und danach kannst du mich zu meinen Ziegen begleiten. Es wird heute noch ein Unwetter aufziehen." Tim war erstaunt. „Aber es ist doch ein wunderschöner Tag mit viel Sonnenschein und wenigen Wolken." „Dann lass dich mal überraschen. Übrigens kannst du heute nicht mehr zurück ins Tal. Es gibt hier im Bergbauernhof ein kleines Gästezimmer, indem du gerne übernachten kannst. Zu Essen habe ich nur das, was du gerade bekommen hast. Zum Frühstück kannst du auch gerne noch meine selbst gemachte Erdbeermarmelade probieren." Und so aß er erst einmal sein Brot und den Käse. Es war ein einfaches Essen, aber alles schmeckte irgendwie anders, als in der Stadt. „Wie hat es dir geschmeckt?", fragte die Bäuerin. „Sehr gut". „Das freut mich. Ich habe das Brot heute Morgen erst gebacken. Jeden Samstag habe ich meinen Back Tag. Und in dem Brot waren einige Gartenkräuter. Das hat meine Großmutter bereits so gemacht und ich habe es als kleines Mädchen von ihr gelernt." „Haben Sie denn immer schon hier oben gelebt?" „Ja, das habe ich. Ich war mein bisheriges Leben immer hier oben auf dem Bergbauernhof bei den Tieren, ob im Sommer oder Winter. Im Winter sind aber nur noch die Ziegen hier oben. Die Milchkühe werden im Herbst ins Tal hinunter geführt und überwintern dort in einem Stall." „Und wie kommen Sie ohne Menschen hier oben aus?" „Tim, wenn du an einem Ort auf dieser Welt glücklich bist, und dieser ist weit weg von anderen Menschen oder einer Stadt, dann spielt das Alleinsein keine Rolle." „Aber fühlen sie sich nicht manchmal allein?" „Beim Holzhacken mag das schon mal sein, denn einen Wintervorrat anzulegen ist schon eine recht zeitintensive Angelegenheit für mich allein. Doch bin ich mit diesem Leben sehr zufrieden." „Ist das der Sinn des Lebens, für Sie?" „Weißt du Tim, die Menschen legen fast ausschließlich selbst den Sinn ihres Lebens fest." „Oh ja, das habe ich auch schon herausgefunden." „Da sucht einer die große Liebe, ein anderer will Karriere machen und ein anderer ein Haus bauen." „Nur gibt es davon auch eine Ausnahme." „Wovon?", fragte Tim. „Von dem Festlegen des persönlichen Lebenssinns. Meist ist es eine Vorstellung, so zu sein, oder so werden zu müssen, weil es die Eltern oder jemand anders es so vorgelebt hat. Die Ausnahme besteht darin, dass es, und da komme ich auf deine Frage zurück, auch so etwas wie eine Berufung gibt. Also den Beruf zu wählen, der seinen Anlagen und Interessen entspricht. Du und alle anderen Menschen können einen Beruf erlernen und leben, der ihren Neigungen und Vorlieben entspricht. Das setzt aber auch voraus, dass sie wissen, wer sie wirklich sind." „Und woher wollen Sie nun wissen, dass Sie nicht das Leben Ihrer Großmutter übernommen haben?" „Eine schlaue Frage, Tim. Lass uns erst einmal zu den Ziegen gehen. Ich muss noch den Zaun öffnen, damit sie sich im Stall unterstellen können." Als die Ziegen die beiden sahen, kamen sie mit einem lauten ‚Mäh, Mäh' neugierig angelaufen. Tim war erstaunt. Die Bäuerin sah seine Verwunderung. Sie lächelte. „Das hast du nicht erwartet. Sie sind mir sehr vertraut und wir kennen uns bereits viele Jahre. Ich bin so etwas wie eine Leitziege für sie. Und weil ich eine Vertrauensbasis aufgebaut habe, sind sie sehr zutraulich geworden. Aber auch das braucht seine Zeit." Tim streichelte vorsichtig eine der Ziegen, die einen besonders langen Ziegenbart hatte. „Du siehst und merkst, dass auch mit Tieren ein Gespräch bzw. eine Kommunikation möglich ist." Er war schon recht verwundert, wie einfach es war, Kontakt zu den Tieren aufzunehmen. Beim Hochlaufen heute Morgen, hatte er sie wohl wahrgenommen, jedoch schienen sie nicht sonderlich interessiert an ihm gewesen zu sein. „Und nun weißt du vielleicht, was ich mit Glück gemeint habe. Einen Beruf oder eine Tätigkeit auszuüben, bei der man diese Empfindung hat." Und mit diesen Worten öffnete die Bäuerin den Zaun und ging mit ihm wieder zurück zum Hof. „Sagen Sie mal", fragte Tim: „Reicht das denn nur den Zaun zu öffnen?" „Warum denn nicht? Die Tiere wissen am besten, wenn es an der Zeit ist, sich unterzustellen und Schutz zu suchen. Am Hof angekommen setzten sich die beiden wieder auf die Bank. „Tim, du hast gerade etwas wahrgenommen. Und hierin liegt auch die Beantwortung deiner Frage, ob ich das Leben meiner Großmutter nicht einfach übernommen habe. Wenn ich das Leben hier oben, mit den Tieren und Gezeiten wirklich liebe, dann ist es keine Vorstellung von mir. Es ist mein Leben, so zu leben, wie ich lebe. Ich helfe den Menschen die mich besuchen, mit meinem Kräuterwissen und manchmal einfach dadurch, dass ich mich mit ihnen unterhalte. Das ist meine persönliche Berufung. Bevor ich dir eine Antwort auf deine weitere Frage zum Sinn des Lebens gebe, möchte ich von dir etwas wissen. Woher meinst du denn kommen die Veranlagungen eines Menschen?" „Die hat man eben von Geburt an oder entwickelt sie über die Zeit." „Und meinst du, dass das Leben Zufall ist?", fragte die Bäuerin. „Nach dem, was ich bisher von den Menschen gehört habe, ist es für die meisten ein Zufall. Sie sagen oft, man lebt nur einmal. Wenn ich mir diese schöne Welt mit ihren Bergen, Seen, Wäldern, Wiesen, Tieren und vielem mehr anschaue, dann glaube ich es nicht. Diese Welt kann nicht aus Zufall entstanden sein." „Du hast Recht. Es ist kein Zufall. Und somit ist es auch kein Zufall, dass ich hier auf dem Berg lebe und mich um die Tiere und Kräuter kümmere. Und es ist auch kein Zufall, dass du mir diese Fragen stellst und zu mir auf meinen Hof gekommen bist. Die persönliche Berufung hat immer auch mit Liebe zur Tätigkeit zu tun." „Und wer bestimmt denn Ihrer Ansicht nach, welche Veranlagungen wir haben, oder welche wir nicht haben?" „Das ist gleichzeitig auch die Antwort auf deine zweite Frage, die du beantwortet haben möchtest. Die gläubigen Menschen bezeichnen den Ursprung dieser Welt mit seinen Lebewesen mit dem Wort ‚Gott'. Je nach Religion gibt es für Gott unterschiedliche Begriffe. Du erinnerst dich vielleicht an die Indianer, sie nannten ihren Ursprung Manitu, die Moslems haben ihn Allah genannt usw. Im Alten Testament taucht auch das Wort Jehova auf, das übersetzt heißt „Ich bin". Gott hat das mal zu Moses gesagt. Die meisten Menschen haben sich noch nicht wirklich auf die Suche nach ihrem Ursprung begeben." „Aber sind denn nicht alle Kirchengänger auch gläubig?" „Das mag schon sein Tim. Nur muss jeder seinen eigenen Weg gehen. Denn nur, wenn aus Glauben auch Wissen wird, dann kann diese Welt wirklich verändert werden. Sich in eine Kirche oder in ein Gotteshaus zu setzen, bedeutet noch nicht, über die Basis des Glaubens hinausgekommen zu sein." „Und was wäre aus Ihrer Sicht wichtig für einen gläubigen Menschen?" „Sich auf die Suche nach sich selbst und somit nach Gott zu machen. Also sich mit der Frage zu beschäftigen, was der persönliche Sinn des Lebens ist und den Kontakt zu Gott zu suchen. Ich meine damit, das Gespräch mit Gott zu suchen. Ihn zu bitten um Klärung und Erkenntnis in allen Situationen des eigenen Lebens. Das geht über ein Gebet, wie es zum Beispiel auch von den christlichen Kirchen angeraten wird, weit hinaus. Das Gebet sollte nicht ausschließlich dazu benutzt werden, um die Erfüllung seiner Wünsche zu bitten." „Und warum meinen Sie, dass die Menschen im Gebet meist bitten?" „Das hat damit zu tun, dass es uns allen so in den christlichen Lehren vermittelt wurde. Wir sollen uns nach Bibelauslegung der jeweiligen Kirche klein und sündig und unvollkommen vor Gott fühlen. Und wenn wir bereits nur gläubig sind, wird uns die Errettung in Aussicht erstellt. Denn bereits vor über 2000 Jahren ist Jesus für unsere Sünden am Kreuz gestorben. Das wird so jedenfalls vermittelt. Das bedeutet aber auch, dass scheinbar der Glauben für einen Menschen ausreichend ist. Ich kann dir aber vergewissern, Tim, dass es sich so nicht verhält. Genau genommen sind wir alle Söhne und Töchter dessen, der uns erschaffen hat. Und wir sollten unserer Abstammung immer bewusst sein und unser Leben auch entsprechend leben." „Aber woher wollen Sie denn wissen, dass es sich so wirklich verhält? Demnach wären alle Menschen göttlicher Abstammung?" „Tim, du hast mir heute schon außergewöhnliche Fragen gestellt. Ich kann mich kaum an einen Besucher erinnern, der ähnlich wie du auf der Suche nach den wichtigen Antworten des Lebens war. Bevor ich dir eine Antwort gebe, habe ich noch eine Frage an dich. Ich nehme an, dass du von deinen Eltern religiös erzogen wurdest. Es gibt nun neben der christlichen Lehre wie du sicherlich weißt noch viele andere Religionen. Wenn also eine Religion auf dieser Welt für sich in Anspruch nimmt, die alleinige Weisheit zu besitzen, was wird dann aus den gesamten Andersgläubigen? Müssten die Menschen der anderen Religionen dann nicht alle falschen Vorgaben folgen?" Tim überlegte einen Moment. „Also, erst einmal bin ich in einem normalen und nicht gerade religiösen Elternhaus aufgewachsen. Wir sind maximal zu Weihnachten in die Kirche gegangen, also einmal im Jahr. Das Thema Religion oder Gott hat somit nie eine große Rolle gespielt. Erst durch meinen Lebensmeister habe ich die Fragen zum Leben der Menschen mit auf meine Reise bekommen. Jedenfalls wäre es ungerecht den Menschen gegenüber, wenn nur eine Religion die Richtige wäre. Denn wenn nun irgendwo auf der Welt ein Mensch von der richtigen Religion nie erfährt, dann hat er schlechte Karten. Das wäre wirklich ungerecht." „Jede der Religionen führt dich, sowie alle Menschen, die es wollen, ein Stück näher zu Gott. Das letzte Stück des Weges muss aber jeder Mensch alleine gehen." „Aber, Sie haben doch gesagt, dass wir Ihrer Meinung nach alle Söhne und Töchter sind. Somit wären wir göttlicher Abstammung. Was macht es denn dann noch für einen Sinn, durch eine Religion nach Gott zu suchen?" „Du bist mit deiner Frage schon ganz nah an das Geheimnis des Lebens herangekommen. Gott ist dir näher, als dir dein Atem ist. Weißt du, was das bedeutet, Tim?" „Nein, nicht so richtig." „Beschäftige dich mit diesen Worten und bewege den Satz in dir. Ich bin sicher, dass du bald Klarheit gewinnen wirst. Gott ist erfahrbar und er möchte uns als seine Kinder auf dieser Welt sehen, die dieses Leben annehmen und sich ihres eigenen Ursprunges bewusst sind. Anders gesagt, zum Wissen kommen, dass es ihn gibt. Somit ist der Glauben nur eine Vorstufe, auf der leider die meisten Menschen stehen bleiben bzw. stehen geblieben sind. Da wir dieses Leben haben, haben wir damit auch die Verantwortung diese Welt mit all ihren Lebewesen zu erhalten und achtsam mit den Menschen und Dingen umzugehen." Langsam zogen dunkle Wolken auf. ‚Die Bäuerin sollte also recht behalten, dass sich das Wetter heute noch änderte', dachte Tim. Irgendwie auch unheimlich, wie jemand im Voraus wusste, wie das Wetter wird. Und auch sein Besuch hatte sie empfindungsmäßig vorhergesehen. „Komm mit, ich zeige dir mein Gästezimmer. Und so folgte er der Bäuerin in den Hof. Es ging einen kleinen Flur entlang, an dessen Ende sich das Zimmer rechts befand. Die Tür knarrte beim Öffnen und Tim sah in ein schönes Bauernzimmer mit einem großen Bett hinein. Die Bäuerin schloss noch schnell das Fenster, damit der Regen nicht ins Zimmer eindringen konnte. Hier kannst du schlafen. Und dort im Schrank findest du auch Handtücher. Ich denke für heute hast du genug erfahren. Nun lass ich dich allein für den Rest des Tages. Wenn du noch etwas trinken willst, findest du etwas Apfelsaft in meiner Küche. Und auch mein Quellwasser ist zum Trinken da, es kommt direkt aus dem Wasserhahn. Und so legte sich Tim auf sein Bett und ließ den Tag nochmals in Gedanken an sich vorüber ziehen. Gestern Morgen war er noch in Passau und heute in einer ganz anderen Welt, oder besser in einem anderen Teil dieser Welt. Und diese Frau war sehr beeindruckend. Wie war nochmals der Satz: „Gott ist dir näher, als dir dein Atem ist." Und über diesen Satz schlief er ein.

Tim erwachte durch den ersten Sonnenschein, der ihm direkt ins Gesicht fiel. Von seinem Bett aus hatte er einen direkten Blick ins Tal. Die kleine Gardine am Fenster, die den unteren Fensterrahmen abdeckte, störte nicht weiter. Er lag recht hoch und förmlich auf Stroh in seinem Gästebett. Die Matratzen schienen gepresste Strohballen zu sein. Recht hart, trotzdem hatte er sehr gut geschlafen. Tim suchte nach seiner Armbanduhr und fand diese auf dem Nachtschränkchen neben seinem Bett. Seine Uhr zeigte 7:15 Uhr an. Also schon Zeit hier oben auf dem alten Bergbauernhof aufzustehen. Die Bäuerin war sicherlich auch schon wach, denn sie schien einen klaren Tagesplan zu haben. Tim überlegte, wo sich das Bad befand. Er erinnerte sich, gestern beim Gang über den Flur an einer Türe mit Badezimmerschild vorbeigekommen zu sein. Also schnappte er sich ein Handtuch und verließ sein Zimmer. Und richtig, gleich die zweite Türe von seinem Zimmer aus gesehen war das Bad. Der Begriff Bad war sicherlich übertrieben. Der Boden war nicht gefliest und bestand, wie es in alten Bauernhäusern üblich war aus Holzbohlen. Aus dem Wasserhahn kam nur kaltes Wasser. Ihm schauderte es. War das kalt. In der linken Ecke des Raumes gab es eine Dusche. Er hoffte, dass zumindest dort das Wasser etwas wärmer aus der Leitung kam. Und nach Öffnen des Duschvorhangs sah er zwei Wasserhähne mit einer blauen und einer roten Markierung. Der Wasserhahn mit der roten Markierung ließ sich nur ein wenig drehen. Somit konnte er mit eher lauwarmem Wasser duschen. Aber das Erlebnis, hier oben auf der Alm zu übernachten und die Nähe zur Natur zu erleben, war schon ein tolles. Und zusätzlich hatte er eine weise Frau kennengelernt. Das war durch nichts auf der Welt zu toppen.

Von einer gut gelaunten Almbäuerin wurde Tim vor ihrem Hof begrüßt. Der Tisch war bereits gedeckt. Und neben dem selbst gebackenen Brot gab es den Bergkäse und die selbst gemachte Erdbeermarmelade. Dazu trank er einen frisch gebrühten Kräutertee. „Ich lasse dich erst einmal allein frühstücken, Tim. Nimm einfach mal wahr. Genieße den Morgen", sagte die Bäuerin. Und nach diesen Worten verschwand sie in ihrem Bergbauernhof. Ihm gingen viele Gedanken durch den Kopf. Aber auch der Geruch von Lilien und Rosen drang ihm immer wieder in die Nase. Der Himmel war strahlend blau und nur wenige kleine Wolken verdeckten zeitweilig die Sonne. Tim verstand plötzlich, warum die Bäuerin hier oben lebte. Er empfand das Glück, wovon sie ihm gestern erzählt hatte. Nach gut einer halben Stunde kam die Bäuerin wieder zu ihm. „Ich hoffe es hat dir gut geschmeckt." „Oh ja, vielen Dank." „Um Glück empfinden zu können, benötigt man nur seine eigene Wahrnehmung. Und das im Hier und Jetzt." „Sie leben schon wirklich sehr schön." „Ja, da hast du recht." „Möchten Sie, dass ich Ihnen etwas für die Übernachtung bezahle?" „Das brauchst du nicht, Tim. Du könntest dich aber etwas nützlich machen und dort vorne, die Holzstücke spalten." Und dabei zeigte sie mit ihrer rechten Hand auf einen kleinen Holzstapel. „Gerne übernehme ich das." „Sei nur etwas vorsichtig mit dem Beil. Ich zeige dir erst einmal, wie ich es mache." Und recht schnell, mit nur einem Schlag spaltete sie ein Holzstück. Er war beeindruckt. Und nach einiger Zeit der Übung fand Tim Gefallen an dieser Arbeit. Die fertigen Holzscheite stapelte er in einem Regal, das sehr windgeschützt direkt am Bergbauernhof stand. Die Almbäuerin hatte ihm noch eine Brotzeit für seinen Rückweg nach Fischen vorbereitet. Tim verstaute alles in seinem Rucksack und bedankte sich für das interessante Gespräch und die Gastfreundschaft. Er selbst spürte etwas wie Traurigkeit, als er sich auf den Rückweg machte. Er hatte eine weise Frau kennengelernt, die wie sein Lebensmeister anderes war, als die Menschen denen er bisher in seinem Leben begegnet war. Und so kam er an den Ziegen und Milchkühen vorbei und stieg immer weiter bergab. Ihm gefiel es hier in der Umgebung sehr gut. Aber trotzdem stellte er seiner inneren Stimme die Frage: Soll ich morgen weiter fahren? Doch er erhielt keine Antwort. ‚Na gut', dachte Tim. Dann werde ich erst mal hier bleiben. Und auch sein Lebensmeister hatte ihn darauf hingewiesen, nicht immer gleich eine Antwort zu erhalten. Manchmal wurde er auf ein neues Ziel hingewiesen, durch einen Lebensumstand. Wie zum Beispiel im Bahnhof von Passau, als er vor dem Reisebüro stand und das Urlaubsangebot von Fischen entdeckt hatte. Die Pensionswirtin freute sich, als sie ihn wiedersah, und lud ihn am gleichen Abend zum Essen ein. Sie kochte für Tim eine Hühnersuppe nach einem alten Klosterrezept und anschließend gab es noch ein Stück von ihrem selbst gebackenen Apfelkuchen. Und so schlief er an diesem Abend in seiner Pension auch recht schnell ein.

8. In der kleinen Kapelle

Tim war eine kleine Kapelle in der Nähe von Fischen, die auf einem Berg lag, aufgefallen. Und gleich nach dem Frühstück machte er sich auf den Weg. Es sollte wieder ein sonniger und klarer Tag werden mit einer guten Fernsicht. Und so ging es, wie im Allgäu üblich, wieder bergauf. Auch heute hatte er seinen Rucksack mit Wasser, Brot, einem Stück Schinken und zwei Würsten gefüllt. Ihm gingen auf seinem Weg viele Gedanken durch den Kopf. Konnte er nach seiner Reise auch wirklich die Fragen seines Lebensmeisters beantworten? Er hatte sich schon Mühe gegeben, die Menschen nach ihrem Lebenssinn zu fragen, nur konnte er auch sicher sein, dass seine Fragen ehrlich beantwortet wurden? Und was natürlich noch wichtiger war: welchen Sinn sah denn er selbst im Leben? Vielleicht war das die eigentliche Frage, die hinter der Frage seines Lebensmeisters stand. In seiner Grundausbildung war es bereits oft so gewesen. Meist stand hinter einer Frage, die er sich stellte, oder die er gestellt bekam, eine ganz andere persönliche Frage des Lebens. Und er erinnerte sich noch an die Frau, die er am ersten Tag im Zug kennengelernt hatte. Sie war seiner zweiten Frage einfach ausgewichen. Aber trotzdem schien sie auf der Suche nach der Liebe gewesen zu sein. Oder vielleicht auch danach, selbst geliebt zu werden. Und hatte er auch einen wirklich glücklichen Menschen bisher getroffen? Ihm fiel sofort die Bäuerin und Kräuterfrau auf ihrem Bergbauernhof ein. Sie hatte Tim den Eindruck vermittelt, eine wirklich glückliche, weise und lebenserfahrene Frau zu sein.

Am frühen Nachmittag hatte er sein Ziel erreicht. Die kleine Kapelle lag einsam auf einem Berg und die weiße Fassade hatte er bereits von weiten im Sonnenlicht leuchten gesehen. Ein Bussard drehte seine Kreise am Himmel. Mit welcher Leichtigkeit er sich durch die Luft bewegte, war für ihn immer wieder ein Wunder. Es hatte für ihn etwas Erhabenes. Tim steuerte erst mal auf die kleine Bank vor der Kapelle zu. Er wollte einen Schluck Wasser trinken, etwas essen und die Aussicht genießen, und erst danach die Kapelle besuchen. Sein Lebensmeister hatte ihn oft darauf hingewiesen, erst einmal ruhig zu werden, um achtsamer und wacher seine Umwelt wahrnehmen zu können. Und so genoss Tim erst einmal seine Brotzeit und die Aussicht. Nach einer Viertelstunde stand er auf und ging zum Eingang. Schwerfällig, wie viele andere alte Kirchentüren auch, ließ sie sich öffnen. Er trat ein und sah in einen keinen Kirchenraum mit einem wunderschönen Deckengemälde hinein. An den Wänden waren barocke Engel angebracht und hinter dem Altar stand eine wunderschöne Marienfigur, genau im Sonnenschein, welcher durch eines der seitlichen Fenster hereinkam. Es roch nach Weihrauch und Myrrhe. Er war beeindruckt. Welche Mühe sich die Erbauer und Handwerker gegeben hatten, so etwas zustande zu bringen. „Du bist von der Schönheit der Kapelle genauso beeindruckt, wie ich es bin." Die Stimme kam aus dem hinteren Teil der Kapelle. Als er sich umdrehte, sah er seinen Lebensmeister. „Ich habe bereits hier auf dich gewartet. Überrascht es dich, dass wir uns hier wieder sehen?" „Ja, sehr", meinte Tim. Zur Begrüßung umarmten sich die beiden. „Komm lass uns dort vorne in die erste Reihe der Kirchenbänke setzen. Heute werden auch keine weiteren Besucher hier heraufkommen. Wir haben die Kapelle für uns allein. Sicherlich hast du viel zu erzählen." Und Tim erzählte seinem Lebensmeister von der Reise und seinen Erlebnissen. Natürlich auch von den Antworten der Menschen auf seine Fragen.

Die Frage nach dem Sinn des Lebens

„Du hast Erfahrungen gesammelt von dem Zustand der Welt und somit auch von seinen Menschen. Es ist schon wichtig, was die Menschen dir als ihren Lebenssinn genannt haben. Sie haben alle den freien Willen, selbst zu entscheiden, auch wenn ihre Entscheidungen für dich und mich nicht immer nachvollziehbar sind. Was ist denn für dich der Lebenssinn, Tim?" Er war etwas überrascht, obwohl er sich mit dieser Frage schon beschäftigt hatte. „Also durch die Welt zu gehen, zu reisen und Erfahrungen zu sammeln. Achtsam mit der Umwelt und ihren Lebewesen umzugehen. Neugierig zu sein auf alles, was die Welt bietet. Wer legt überhaupt den Sinn des Lebens fest, der jeweilige Mensch?" „Eine gute Frage. Die Menschen, die du kennengelernt hast, haben in der Mehrzahl selbst ihren Lebenssinn festgelegt. Nun musst du aber auch noch unterscheiden zwischen dem allgemeinen Lebenssinn, der für jeden Menschen angedacht ist und wenn du so willst, der nach den Veranlagungen und persönlichen Vorlieben vorgesehen ist. Das, was du gerade für dich selbst als Lebenssinn festgestellt hast, ist zusammengefasst so für jeden Menschen vorgesehen. Also das Leben gewissermaßen als Abenteuer zu sehen. Es geht um Erfahrung und Wahrnehmung. Aber nicht darum, der Erste oder Beste zu sein, oder viele Urkunden und Auszeichnungen zu sammeln. Das haben sich nur die Menschen selbst ausgedacht. Neben dem allgemeinen Lebenssinn gibt es dann noch den beruflichen Lebenssinn des Menschen. Und der sollte immer den Veranlagungen und Neigungen des jeweiligen Menschen gerecht werden. Jeder Mensch ist dazu aufgerufen, zum Nutzen dieser Welt und seiner Lebewesen zu leben und zu arbeiten. Es steht nicht der Reichtum oder eine Karriere im Vordergrund. Es geht um die Entwicklung der Gemeinschaft, sei es nun in der Familie oder im Beruf." „Dann möchte ich auch als Lebensmeister Menschen in ihrem Leben unterstützen und ihnen mit Rat und Tat beiseite stehen." „Das ist sehr schön Tim, nur übersiehst du eine Kleinigkeit. Du verdienst in diesem Fall kein Geld. Und somit musst du einen Beruf erlernen und deinen Lebensunterhalt damit verdienen. Auch ich habe einen Beruf, den ich täglich ausübe. Und daneben bin ich als Lebensmeister im Verborgenen tätig. Ich denke, dass du dich auch dieser Herausforderung in einigen Jahren stellen wirst. Und diese Aufgabe wird von dem erteilt, der auch den Lebenssinn für den Menschen festgelegt hat. Und in Menschen, die für solch eine Aufgabe vorgesehen sind, ist mit der Geburt auch diese Lebensmotivation vorhanden. Ob der Mensch dem dann auch folgt, ist wahrscheinlich, aber nicht zwingend. Es gibt den freien Willen, der immer auch respektiert wird. Du merkst nun auch, dass einige wenige Menschen neben dem bereits genannten Lebenssinn noch eine weitere Lebensaufgabe haben. Also eine Erweiterung ihres Daseins. Du stellst dich mit deiner ganzen Kraft in einen Dienst, diese Welt mit seinen Menschen zu unterstützen. Bei dieser Aufgabe geht es nicht um Ruhm, Geld oder Ehrungen. Noch geht es um geistige Spielereien, wie mit Gedankenkraft Löffel zu verbiegen, oder während einer Meditation über dem Boden zu schweben. Das dient nur dazu, sein eigenes Ego zu befriedigen und somit Beachtung von anderen Menschen zu bekommen. Und hier liegt eine große Gefahr. Viele Menschen meinen, andere unterrichten, bevormunden und beeinflussen zu müssen. Meist geht es aber darum, ihr eigens Ego zu erhöhen, um sich wertvoller zu fühlen. Also sei bitte vorsichtig. Es gibt so einige Fallgruben bei dieser Arbeit. Diese Arbeit wirst du umso erfolgreicher tun, je mehr du es verstehst, auf deine innere Stimme zu hören und ihr auch zu folgen." „Wer nun den Lebenssinn festlegt und auch solch eine zusätzliche Lebensaufgabe erteilt, werde ich dir nachher noch erzählen. Wie ich gesehen habe, hast du deine Erlebnisse und Fragen aufgeschrieben. Eine sehr gute Idee von dir. Was möchtest du denn noch von mir wissen?" Tim sah in sein Schreibbüchlein.

Die Frage: Soll man einem Menschen bedingungslos glauben und ihm auch Folge leisten?

„Ich habe jemand kennengelernt, der den Ansichten und Vorgaben des Papstes in seinem Leben bedingungslos Folge leisten will. Ist das deiner Meinung so richtig, einen Menschen diese Macht über sich zu geben?" „Tim, eine Person als Vorbild zu haben kann sicherlich von Vorteil sein. Jedenfalls so lange, wie es dir noch nicht selbst gelungen ist, deine innere Stimme wahrzunehmen. Leider ist es aber auf dieser Welt so, dass die vermeintlichen Vorbilder selbst nicht in der Lage sind, ihre innere Stimme zu hören. Und dadurch kann ein Mensch, der solch ein Vorbild hat, zum Spielball werden. Jedenfalls solange er selbst die Bereitschaft dazu hat. Also ein Vorbild, sei es nun ein Staatsmann oder ein religiöser Führer sollte im Idealfall immer seine innere Stimme hören können. Wenn er diese wirklich hört, dann wird er auch zum Wohl der Menschen und dieser Welt beitragen. Und das sollte für dich und die Leser ein wichtiges Unterscheidungsmerkmal sein. Das Beste für dich wird sein, diese innere Stimme selbst wahrzunehmen. Dann benötigst du auch keine Vorbilder mehr."

Die Frage: Warum haben die Menschen Angst?

Tim schaute nochmals in sein Buch. „Ich möchte gerne von dir wissen, warum die Menschen so viele Ängste haben. Und ob du auch Angst vor etwas hast?" „Das Leben der meisten Menschen ist oftmals durch Ängste bestimmt. Jedenfalls lassen sie es zu, sich davon beeinflussen zu lassen. Die meisten dieser Ängste sind nur in den Vorstellungen, also in den Gedanken vorhanden. Und solche Gedanken können sich dann auch noch verfestigen und den betreffenden Menschen ein Leben lang begleiten. Da geht es um Verlust von einem Menschen, Verlust von Macht, Geld oder anderen

Besitztümern. Oder man hat Angst vor einem Unfall bis hin zur Angst vor dem Tod. Eine vermeintliche Lösung liegt dann im Abschluss einer Versicherung. Aber wirklich beruhigend ist so eine Versicherung nur auf dem Papier. Genau genommen sind es alles Ängste vor dem Leben. Deshalb richten viele Menschen ihr Leben so aus, immer einen Nutzen oder einen Gewinn zu erzielen. Hierdurch versuchen sie dann, eine vermeintliche Sicherheit in ihrem Leben zu gewährleisten. Und das beeinträchtigt den Menschen in seiner Entwicklung und seinem Erleben. Ich selbst kenne keine Ängste mehr. Als ich jedoch noch recht jung war, damals mit 6 Jahren hatte ich auch Angst. Es hing mit meiner Mutter zusammen, die damals schwer erkrankte. Hier war es die Angst vor dem Verlust, einen geliebten Menschen zu verlieren. Und etwas später hatte ich dann Angst vor der Schule, vor den anderen Mitschülern und davor bei den Klassenarbeiten zu versagen. Und so setzte sich das immer weiter fort. War eine Angst verschwunden, kam schon die nächste um die Ecke. Und nun fragst du dich, wie ich es geschafft habe, diese Ängste zu beseitigen. Als ich so alt war, wie du heute bist, hatte ich auch einen Lebensmeister. Und als für mich klar war, wer ich wirklich bin, verschwanden die Ängste immer mehr. Natürlich geschieht das nicht von heute auf morgen. Alles benötigt auf diesem Planeten seine Zeit. Bei dem einen Menschen geht es schneller, bei einem anderen dauert es etwas länger." „Und was meinst du mit deiner Feststellung zu wissen, wer du wirklich bist?" „Auch diese Frage werde ich dir noch beantworten. Habe noch etwas Geduld. Was hast du dir denn noch aufgeschrieben, Tim?"

Die Frage: Wie nehme ich Kontakt mit Gott auf?

„Du hast mir in diesem Zusammenhang mal von Gläubigen und wissenden Menschen erzählt. Sind die wissenden Menschen die, die es verstehen, mit Gott Kontakt aufzunehmen?" „Ja das sind sie."

„Und wie mache ich es, wenn ich diesen Kontakt aufnehmen wollte?" „Die Frage wirst du gleich mit deiner nächsten Frage beantworten. Was hast du dir als nächste Frage aufgeschrieben, Tim?"

Die Frage: Was ist die innere Stimme?

Tim schaute wieder in seine Aufzeichnungen. „Ich möchte gerne wissen, wie es funktioniert, auf seine innere Stimme zu hören. Und was der Unterschied zwischen meinem Verstand und meiner inneren Stimme ist. Und hat jeder Mensch eine innere Stimme?" „Jeder Mensch hat einen Verstand und auch eine innere Stimme. Die meisten Menschen geben ihrem Verstand aber deutlich mehr Einfluss und Gehör in ihrem Leben. Oftmals wissen sie gar nicht, dass sie eine innere Stimme besitzen. Wenn du so willst, ist dieser Kontakt verkümmert. In Träumen jedoch kann der Mensch dann diesen Zugang wieder finden. Also zum Beispiel durch Wahrträume. Das sind Träume, die in die tägliche Realität mit einfließen. Der Mensch meint dann in einer bestimmten Situation bereits gewesen zu sein, obwohl er diese vorher nur geträumt hatte. Am Anfang wird es notwendig sein, in die Stille zu kommen, also die Gedanken und somit deinen Verstand ruhiger werden zu lassen. Dann bist du bereit, deine innere Stimme zu hören. Später wird es dir ein Leichtes sein, diese innere Ruhe herstellen zu können, egal, in welchen Lebenssituationen du dich befinden wirst. Dein Verstand ist dein Computer im Körper. Die innere Stimme ist eine andere Instanz. Und diese Instanz gibt dir die Möglichkeit, mit Gott in Kontakt zu treten." „Bräuchte ich denn dann noch einen Lebensmeister, wenn ich doch durch die innere Stimme direkt Kontakt mit Gott aufnehmen kann?" „Eine schlaue Frage von dir, Tim. Du brauchst nur vorläufig einen Lebensmeister. Es ist sozusagen dein Geburtshelfer. Und wie ich dir bereits vermittelt habe, geht es einzig und allein darum, dass du selbst diesen Kontakt in deinem Leben herstellen kannst. Und nun verstehst du auch, warum ich nur wenige Schüler habe, die ich immer nur eine gewisse Zeit begleite. Es geht nicht um mich und meinem Egoanspruch, soweit dieser noch vorhanden sein sollte. Es geht darum, eigenverantwortliche Menschen in ihr wirkliches Leben zu begleiten und zu unterstützen. Ich diene mit meiner Arbeit der Entwicklung dieser Welt und im Besonderen den Menschen. Diese zusätzliche Lebensaufgabe, genauso wie meine Veranlagungen und meinen Lebenssinn, hat Gott festgelegt."

Die Frage nach dem Ursprung

„Du hattest von mir noch eine zweite Frage mit auf deine Reise bekommen. Es war die Frage nach dem Ursprung aller Dinge bzw. der Welt. Und was hast du hierzu erfahren?" „Also, da die meisten Menschen ihren Sinn im Leben sehr stark im außen gesehen haben, habe ich sie gar nicht mehr danach gefragt." „Du hast gemerkt, dass die gläubigen Menschen den Ursprung bei einem Gott sehen und die eher materiell ausgerichteten damit Schwierigkeiten haben. Denn wenn nun jemand sein Leben als Zufall ansieht, wird er auch keine Vorstellung von einem Gott für sich entwickeln können oder wollen. Die Menschen sind alle auf der Suche. Letztlich wollen sie alle geliebt und beachtet werden. Und ein Teil der Menschen entscheidet sich dann für teurere Kleidung, ein schnelles Auto, ein Haus oder andere Statussymbole. Bitte verstehe mich nicht falsch. Hierin liegt nur ein Problem, wenn dabei der eigentliche Ursprung, also Gott keine Beachtung mehr findet. Und diese Dinge halten dann dafür her, dass der Mensch einen Mangel empfindet, aber nicht erkennt, dass dahinter letztlich die Suche nach der Liebe bzw. Gott steht. Ein gläubiger Mensch ist eher dazu in der Lage, diese Unterscheidung wahrzunehmen. Das heißt aber wiederum nicht, dass alle Gläubigen auch diese Zusammenhänge erkennen. Du hast deine beiden Aufgaben sehr gut erfüllt. In der letzten Woche deiner Reise hast du frei. Folge deiner inneren Stimme. Sie wird dich leiten. Und wenn du sie beachtest wird sie dich an viele eindrucksvolle und manchmal auch an einsame Orte bringen. Du wirst schöne Blumen, Sträucher und Bäume finden, die Bekanntschaft mit Tieren machen und vieles mehr. Nimm die Natur und dein Leben wahr. Dann wirst du auch erfahren, was wirkliches Glück ist und was dieses Glück für einen Menschen bedeutet.

Und hier endet nun unsere Geschichte. Wenn Sie aufmerksam gelesen haben, wird Ihnen aufgefallen sein, dass Tim die Erklärung zu dem folgenden Satz von der Almbäuerin nicht weiter erfragt hat. „Gott ist dir näher, als dir dein Atem ist." Bewegen Sie die Worte in sich. Was bedeuten diese für Sie ganz persönlich? Auch sein Lebensmeister sprach in diesem Zusammenhang davon, als er sagte: „Und als für mich klar war, wer ich wirklich bin, verschwanden die Ängste immer mehr. Und prüfen Sie selbst nach, wie es sich verhält mit Ihrer Sicht zum Lebenssinn bzw. mit der Sicht der Menschen in ihrem Umfeld. Begeben Sie sich auf die Entdeckungsreise zu Ihrem Lebensmeister, sei er nun eine Person oder Ihre innere Stimme. Lassen Sie sich überraschen. Sie werden bereits erwartet.

Sie finden auf der Folgeseite eine Übung. Diese soll Ihnen helfen, Ihre innere Stimme zu hören. Tim war bereits im Training und konnte in seinen Lebenssituationen immer recht schnell den beschriebenen Weg in seiner Vorstellung gehen, um seine Frage zu stellen. Setzen Sie sich nicht unter Druck, recht schnell Ergebnisse zu erzielen. Lassen Sie das geschehen, was geschieht. Sie werden es nicht beeinflussen können. Führen Sie die Übung im ersten Schritt nur bis zum Becken und zurück durch. Solange bis Sie Routine gewonnen haben. Im Becken bleiben Sie einfach. Die Zeit bestimmen Sie selbst. Es sollten nur wenige Minuten sein, jedoch nicht länger als 5 Minuten. Beobachten sie sich. Was empfinden Sie? Gehen Sie achtsam und behutsam vor. Das gilt natürlich auch für den Rückweg aus dem Becken. Es stellen sich immer Ergebnisse ein. Sie haben jedoch die Angewohnheit sich erst nach einiger Zeit zu zeigen.

9. Die Stilleübung

Am besten verbinde ich meine Fragen mit der Stilleübung, die mir mein Lebensmeister bereits gezeigt hat, dachte Tim. Er setzte sich auf einen Stuhl. Was hatte er zu dieser Übung aufgeschrieben? „Du kannst dich auch auf einen Stuhl setzen, aber nicht anlehnen, da die Rückenlehnen der Stühle meist gewölbt sind. Es ist wichtig, dass dein Rücken gerade und aufrecht bleibt. Deine Hände lege auf deinen Oberschenkeln ab. Die Innenseiten der Hände sind nach oben geöffnet. Nun schließe die Augen und gehe mit deinem Bewusstsein hinter die Augen an den Anfang der Wirbelsäule. Von dort gehe nun jeden einzelnen Wirbel deiner Wirbelsäule langsam herunter. Lass dir Zeit und gehe achtsam diesen Weg. Wirbel für Wirbel. Am Ende der Wirbelsäule liegt ein Knochen, den die Menschen als Steißbein bezeichnen. Wenn du dort angekommen bist, dann lass dich mit deinem Bewusstsein in dein Hüftbecken fallen." Tim ließ sich in sein Hüftbecken fallen. Obwohl er sich mit seinem Bewusstsein im Becken befand, kamen ihm immer wieder Gedanken in den Sinn. Was hatte sein Lebensmeister ihm empfohlen? „Du kannst Gedanken, die sich in dir bilden, auch auf eine Wolke setzen und diese wegschicken. So lange bis du keine Gedanken mehr hast." Tim war hellwach, obwohl er die Augen geschlossen hatte. Und natürlich kamen viele Gedanken in ihm auf, zu seiner Reise und seinen Erlebnissen. All diese Gedanken setzte er jeweils auf eine Wolke und schickte diese weg. Nun ging er mit seinem Bewusstsein aus dem Becken zu seinem Herz. Hier konnte er seine Fragen stellen.

Von dort machte er sich nach einiger Zeit auf den Rückweg. Er ging vom Herz zu seinem Becken und von dort zum Steißbein zurück. Achtsam ging er in seinem Tempo die Wirbelsäule, Wirbel um Wirbel, wieder hinauf. Am Anfang der Wirbelsäule angelangt, begab er sich mit seinem Bewusstsein zu seinen Augen und öffnete diese. Er war wieder in seiner sichtbaren Welt angekommen. Sein Lebensmeister hatte ihm noch mit auf seinen Weg gegeben, sich zu bedanken. Gleichgültig, ob er Antworten erhalten hatte, oder auch nicht. Er sollte dem danken, den er als das Höchste im Universum ansah.

Nachwort

Nachdem Sie die Geschichte gelesen haben, werden Sie sich nun fragen, was denn ein Lebensmeister ist. Es gibt auch in unserem Land Menschen, die die Aufgabe haben, andere Menschen in ihrer Entwicklung zu unterstützen und zu fördern. Ein besonderes Kennzeichen dieser Menschen ist, dass sie keine Statussymbole oder weiße Gewänder benötigen, noch Macht ausüben oder Abhängigkeiten schaffen. Wenn Sie die wirkliche Bereitschaft haben und es für Sie vorgesehen ist, dann werden Sie auch einen solchen Menschen kennenlernen. Mein Lebensmeister hat einmal gesagt: „Ein Weiser lässt sich nicht suchen, er lässt sich nur finden." Er ist, wenn sie so wollen, ein Geburtshelfer. Den wirklichen Weg durch das Leben muss jedoch jeder selbst gehen. Nun gibt es noch eine weitere Möglichkeit, den persönlichen Lebensmeister kennenzulernen. In diesem Buch hat er eine wichtige Rolle gespielt. Es war die „innere Stimme". Das ist der direkte Weg zu ihrem und meinem Schöpfer. Sie können Ihre Religion und Ihren Glauben selbstverständlich behalten. Dieser Weg kann auch als Weg der Stille bezeichnet werden. Um ihre innere Stimme wahrnehmen zu können, bedarf es Ihres Einsatzes. Bei dem einen Menschen gelingt es recht schnell, bei einem anderen ist eine längere Zeit der Übung notwendig. Sie sollten das Buch behalten und immer wieder darin lesen. Gerne können sie es auch weitergeben. Achten Sie dann aber darauf, es auch wieder zu bekommen. Und nun wünsche ich Ihnen alles Gute und viel Erfolg auf Ihrem Weg durch Ihr Leben.

Peter Wandler

Weitere Bücher von Peter Wandler

Luisa und das alte Buch ihres Großvaters
Luisa findet auf dem Dachboden ein altes Buch. Hierin befindet sich eine Nachricht ihres verstobenen Großvaters. Sie beginnt in diesem alten Buch zu lesen und erfährt etwas über die Möglichkeiten der Menschen, ihr Leben bewusster wahrzunehmen.

Gespräche auf dem Weg nach Santiago de Compostela
Die Geschichte in diesem Buch beschreibt die Erlebnisse von Tom, der sich auf den Weg macht, die Kathedrale von Santiago de Compostela zu erreichen. Auf seinem Pilgerweg, der auch als Jacobsweg bekannt ist, begegnet er weiteren Menschen. Sie alle haben sich, genauso wie er, aufgemacht, dieses Ziel zu erreichen. Aber was treibt ihn und die anderen Pilger an?

Gespräche mit einer weisen Frau
Thomas befindet sich zu einer Herzoperation in einem Krankenhaus. Dort hat er ein Erlebnis der anderen Art. Er sieht und bemerkt sich außerhalb seines Körpers. Mit diesem Erlebnis macht er sich auf die Suche eine Erklärung für seine Eindrücke zu finden. Es beginnt ein Weg, der ihn zu sich selbst führen wird.